This Book
Belongs To :

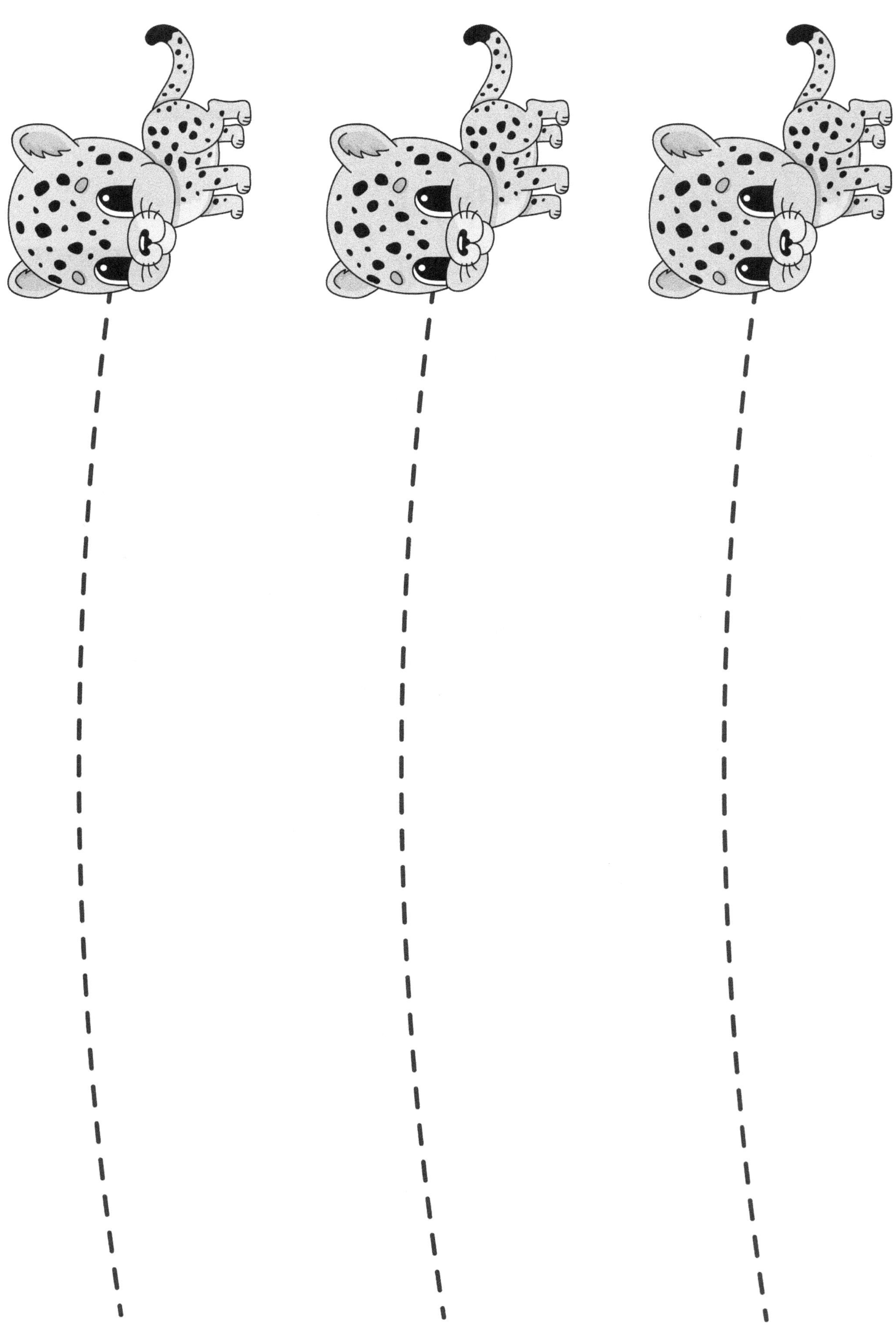

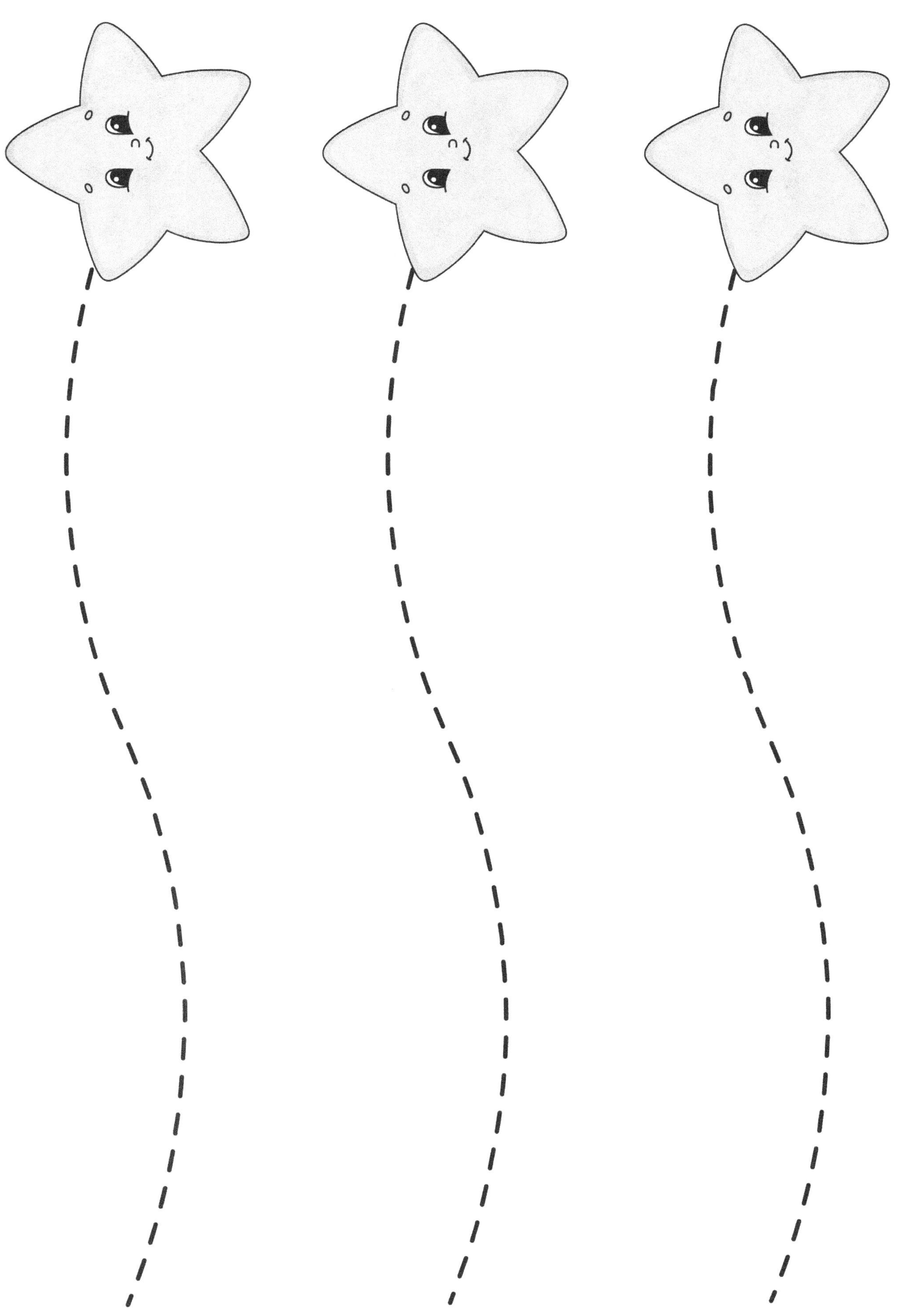

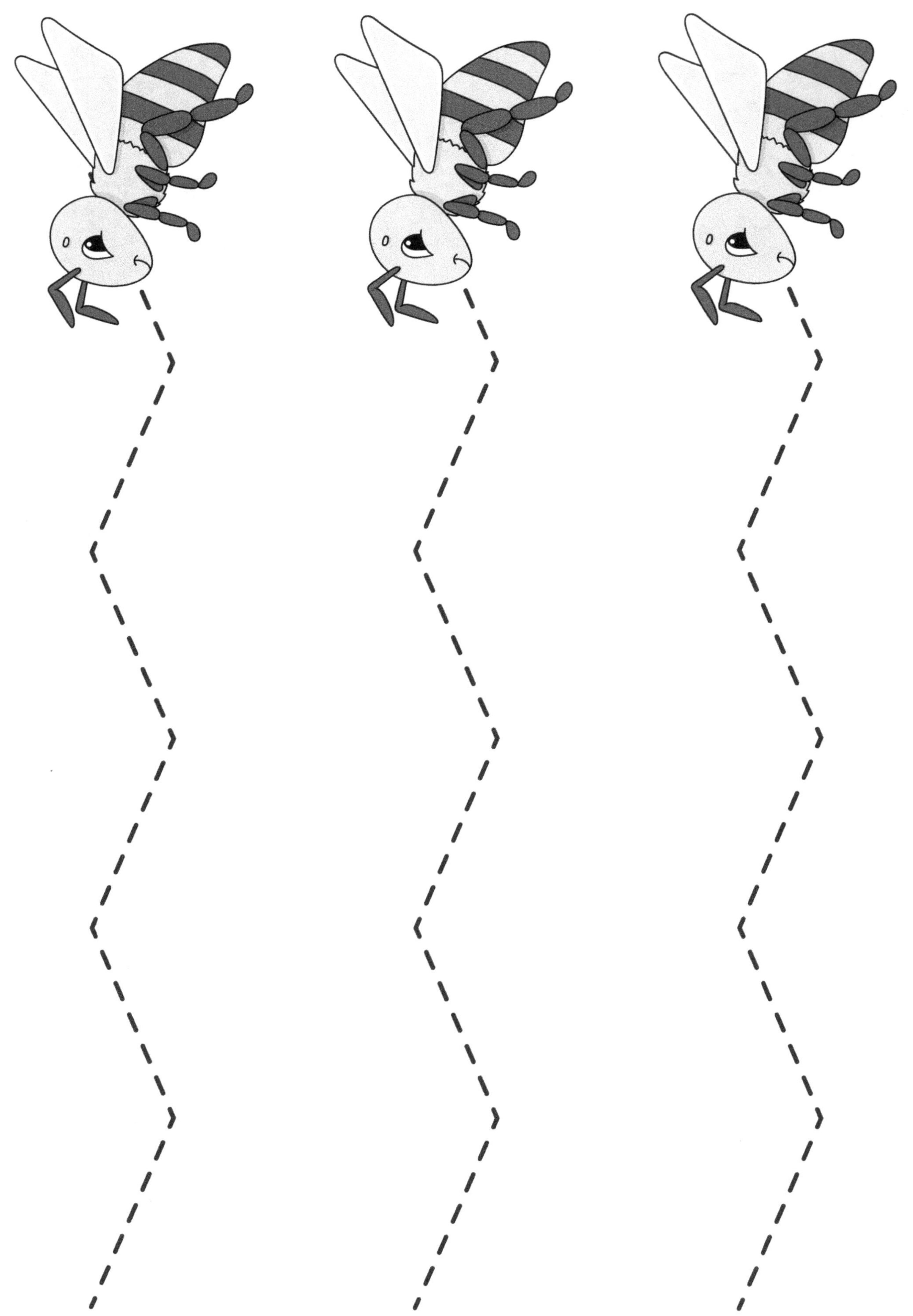

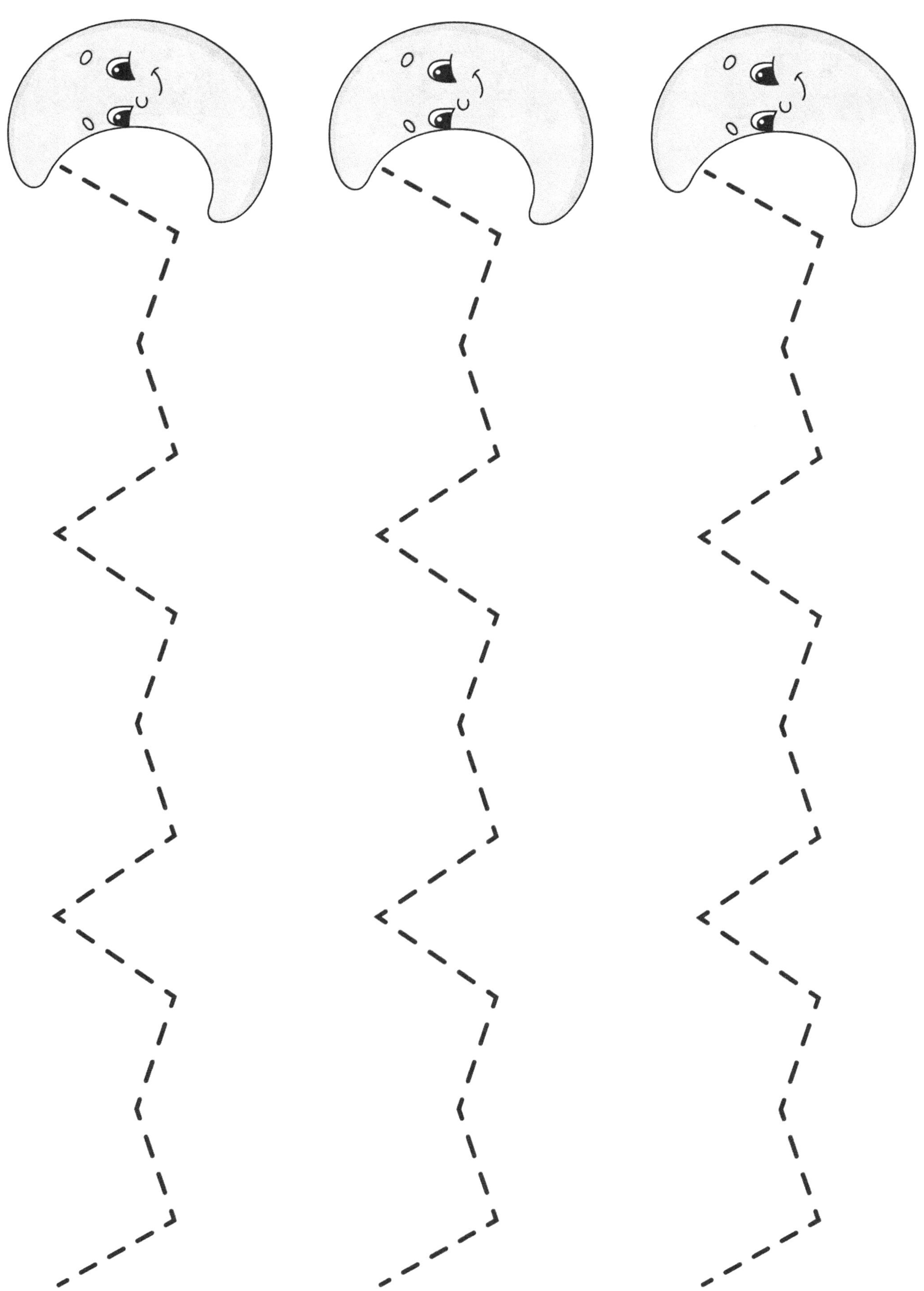

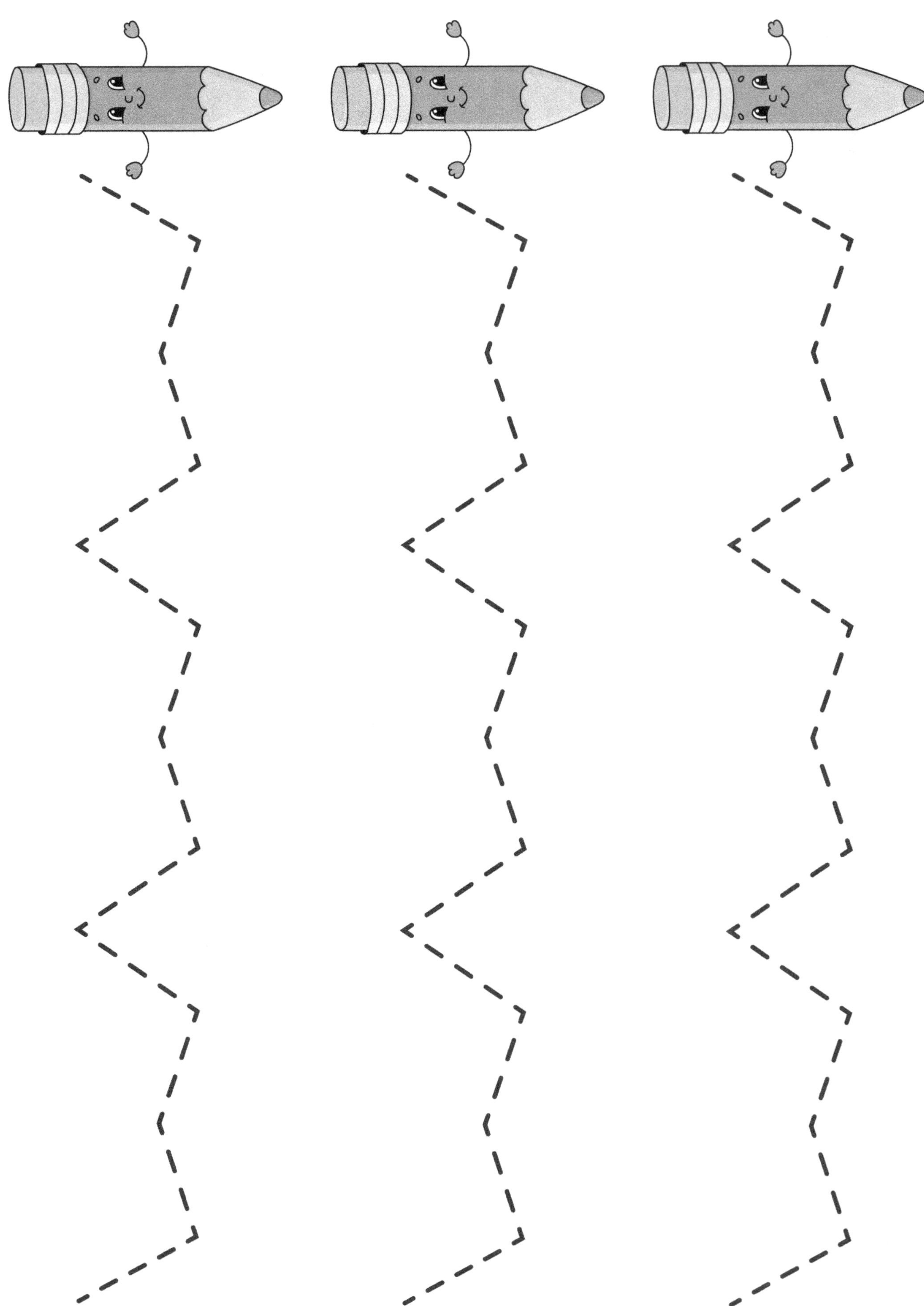

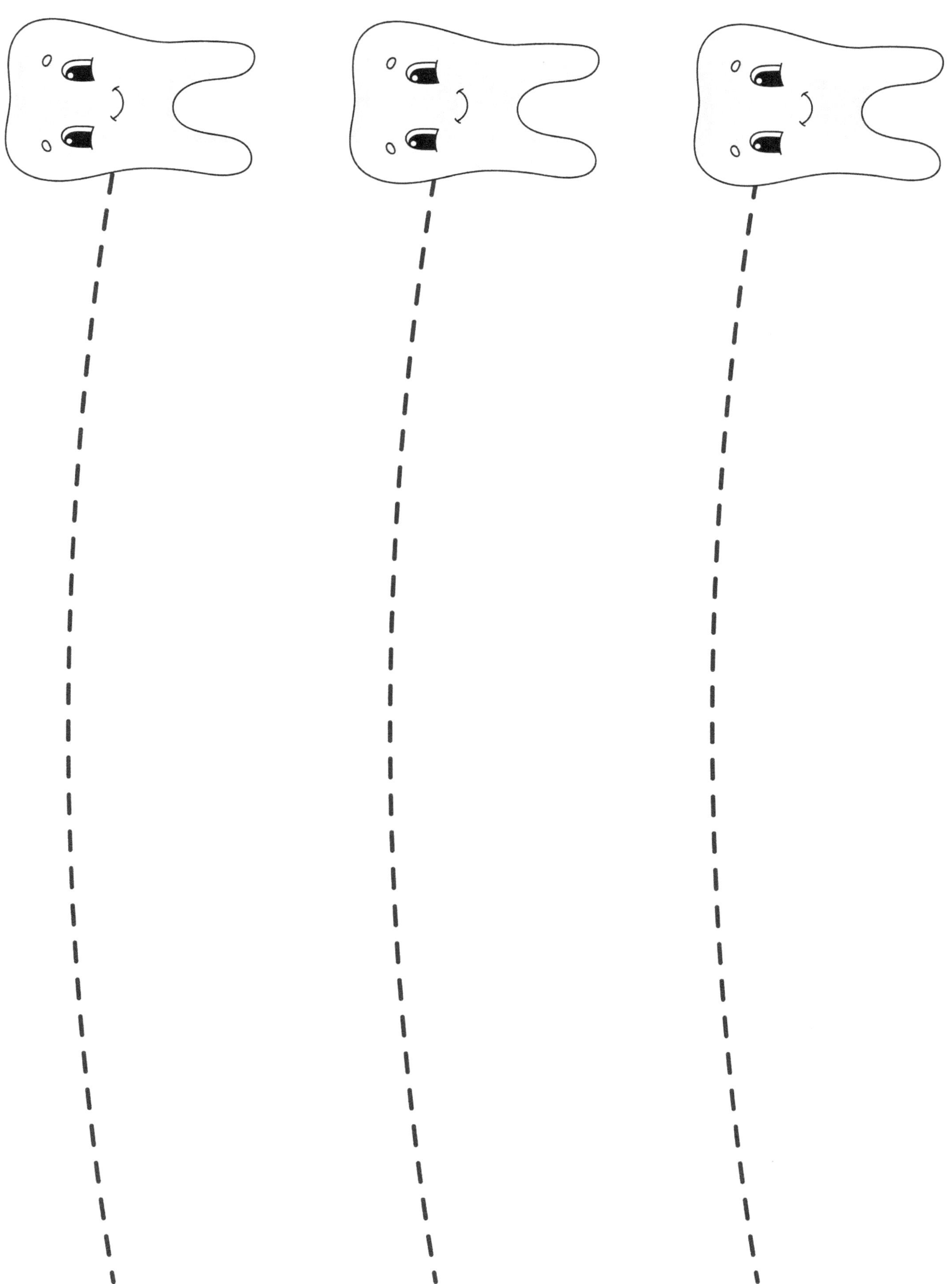

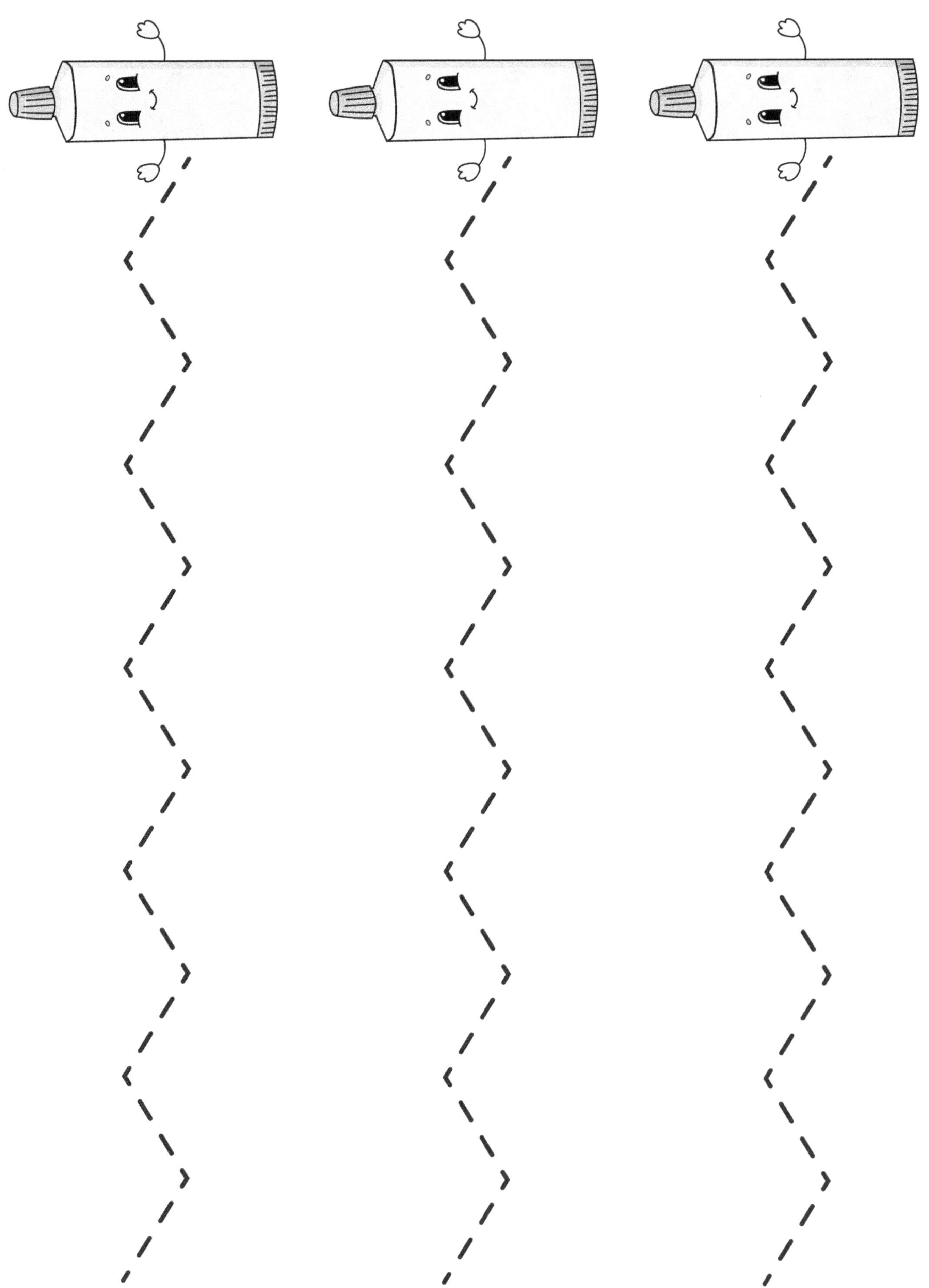

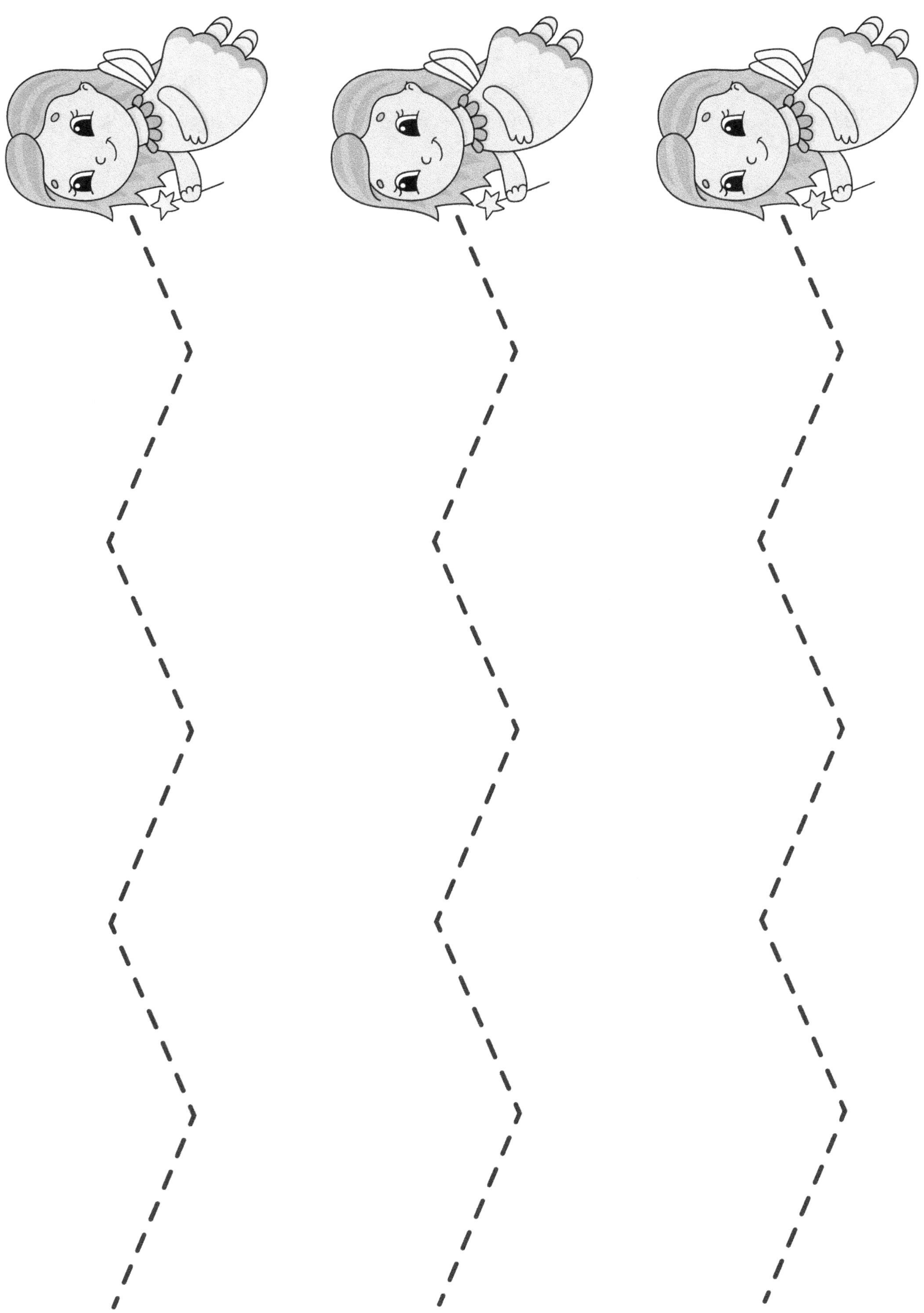

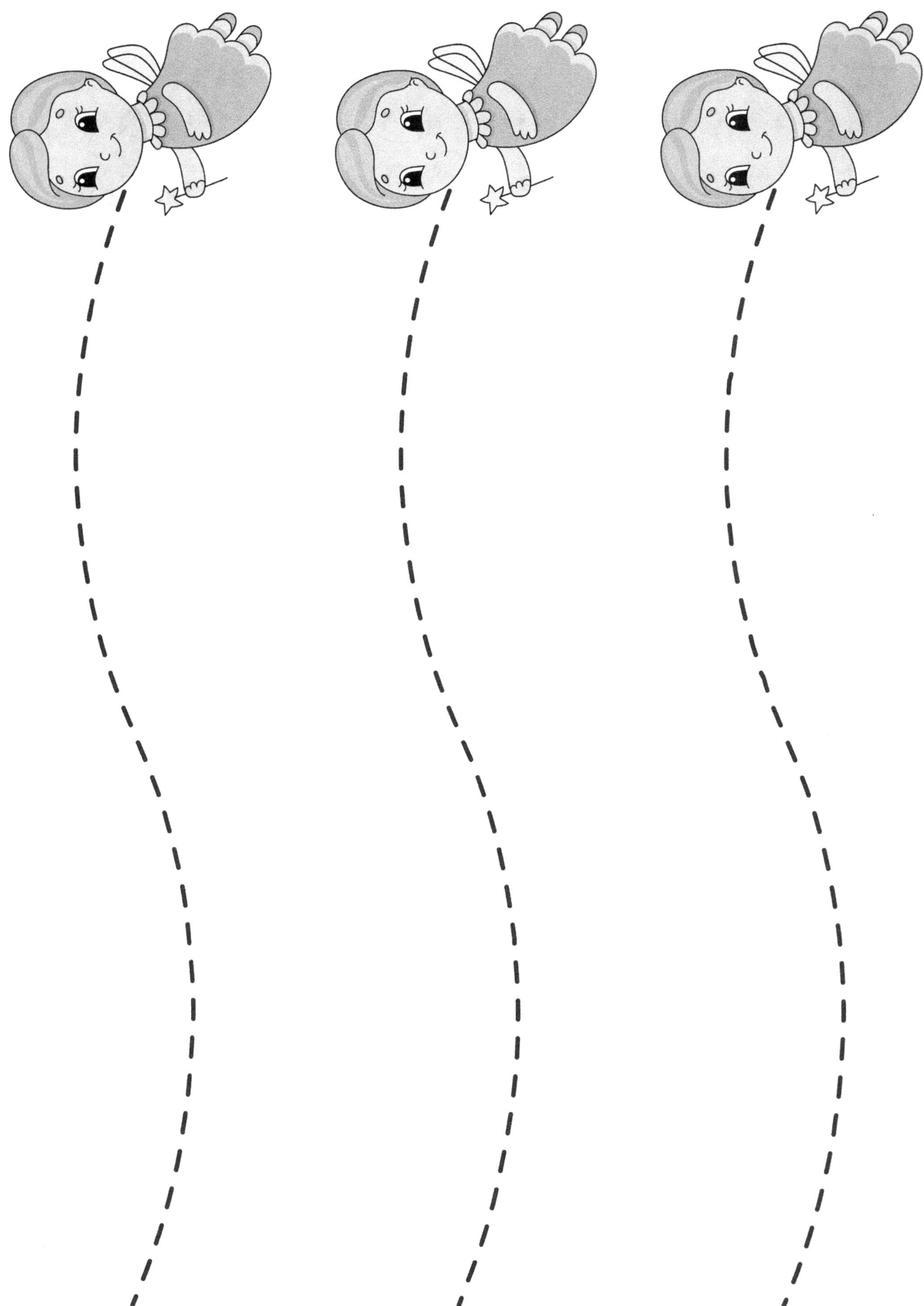

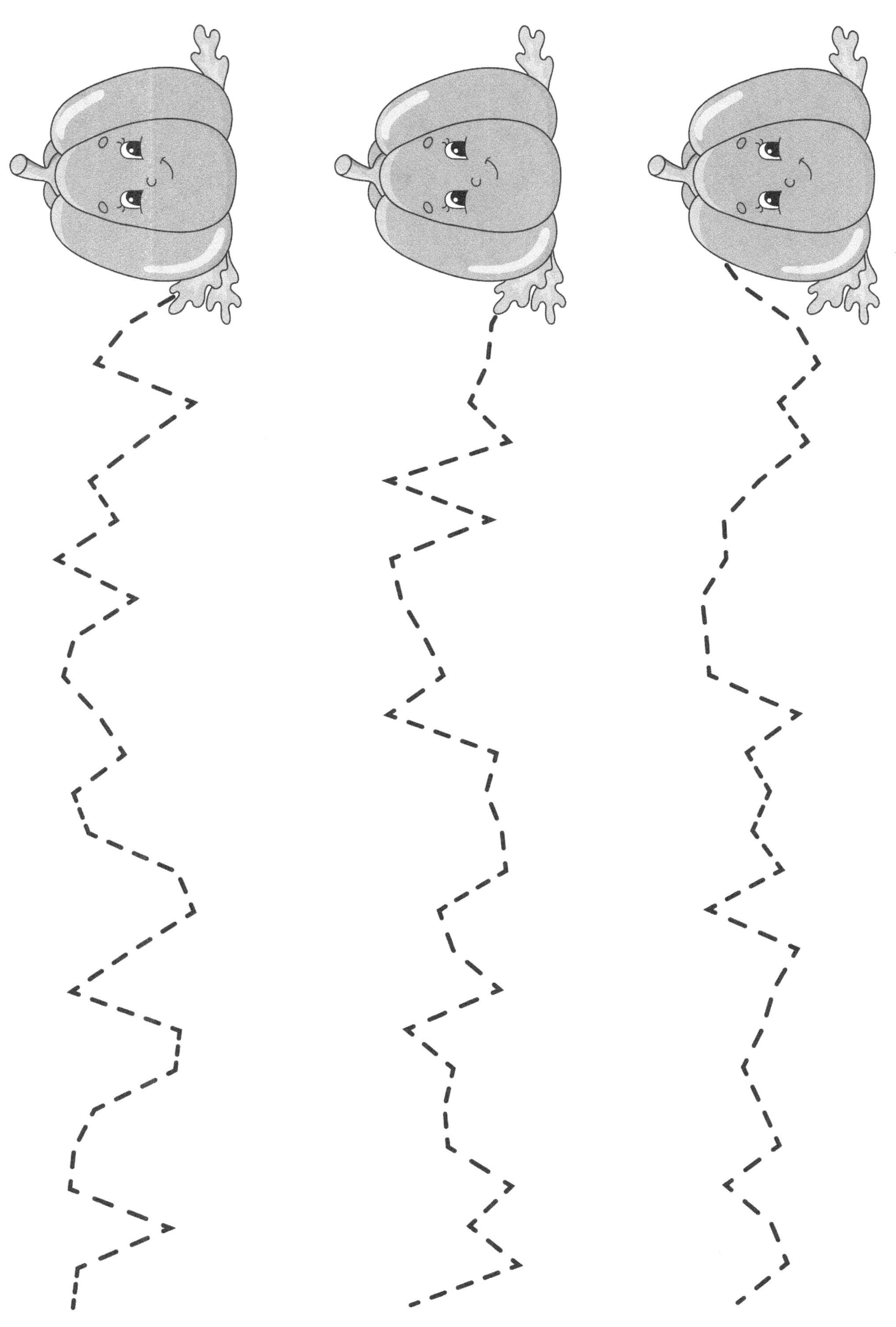

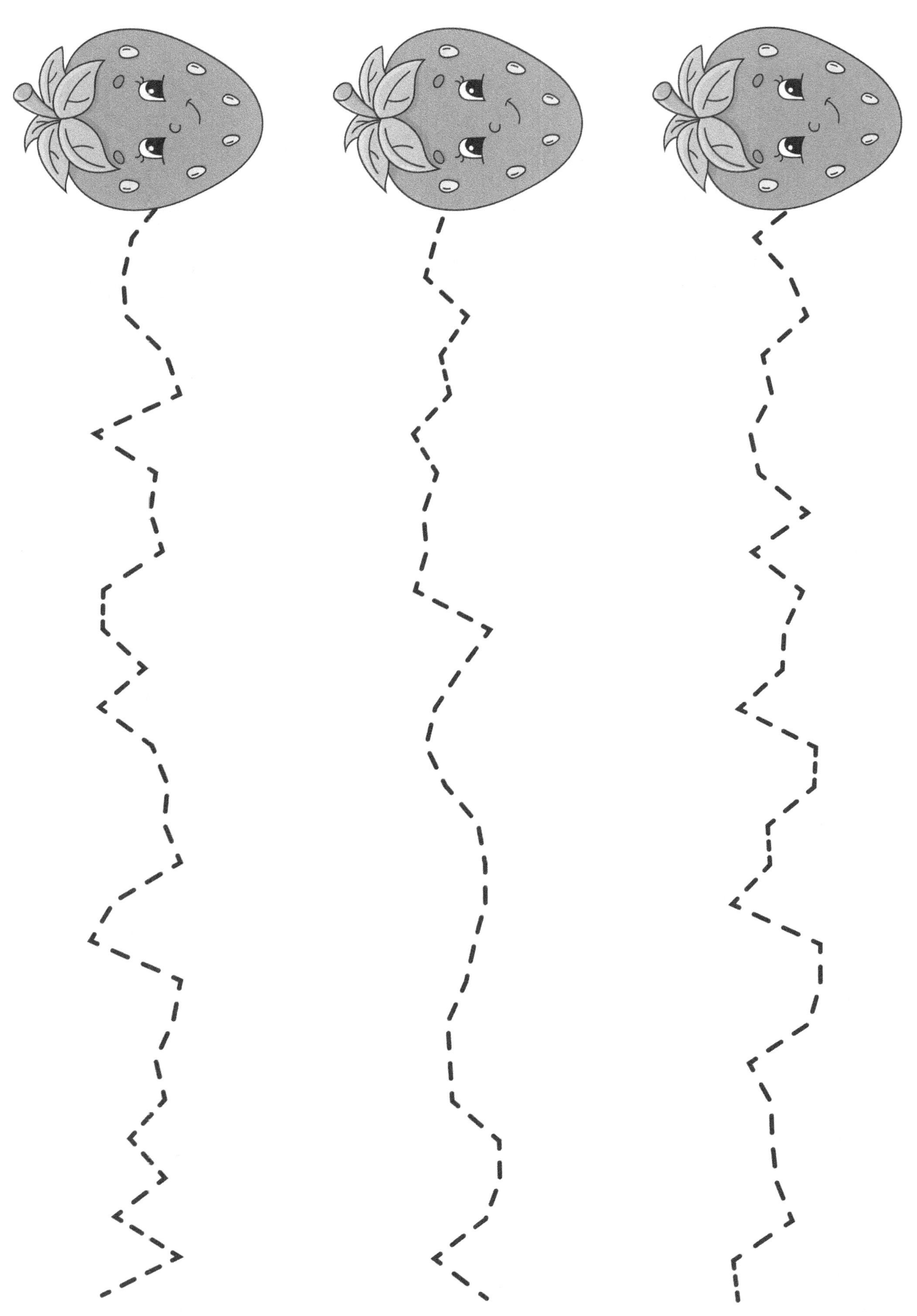

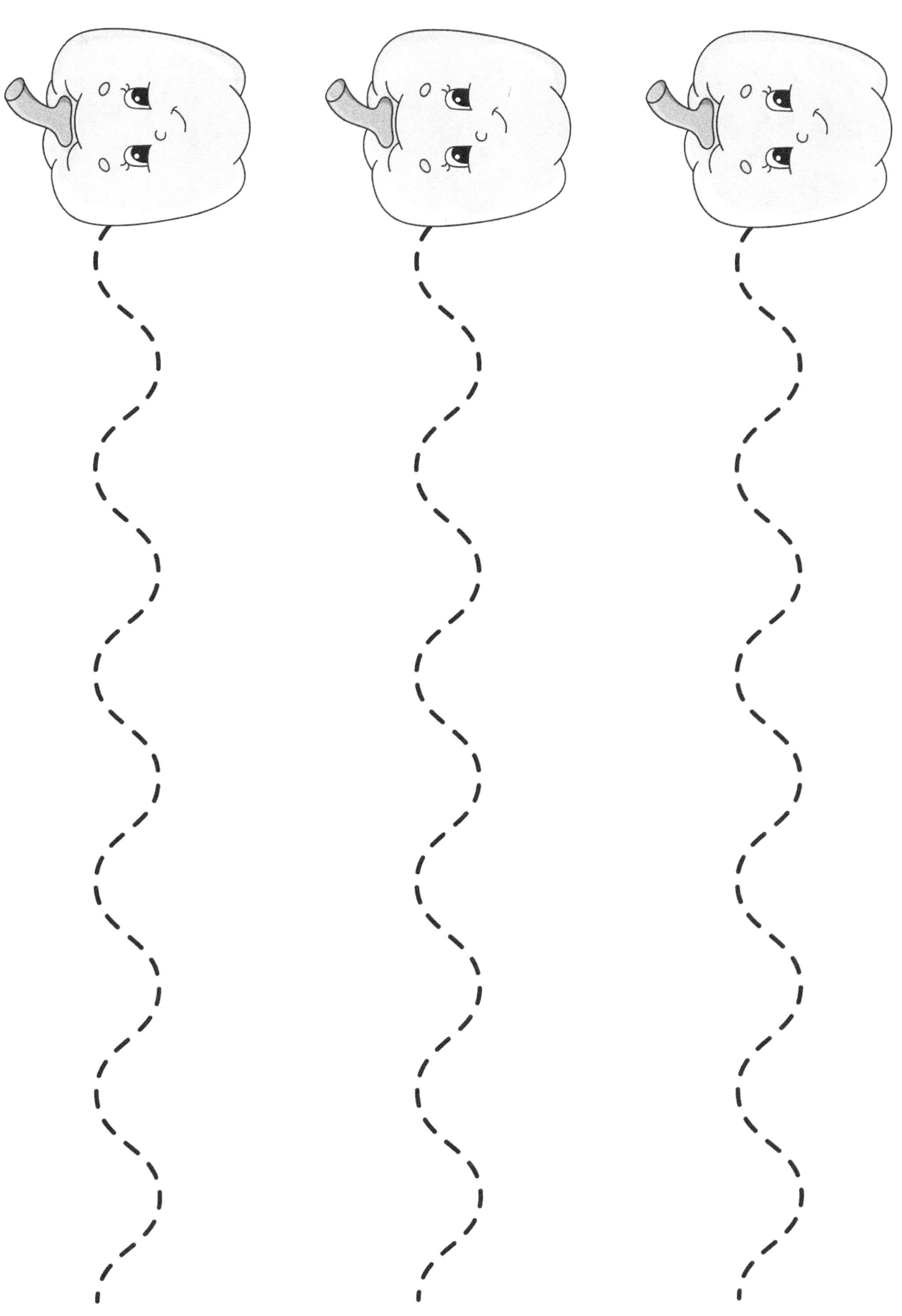

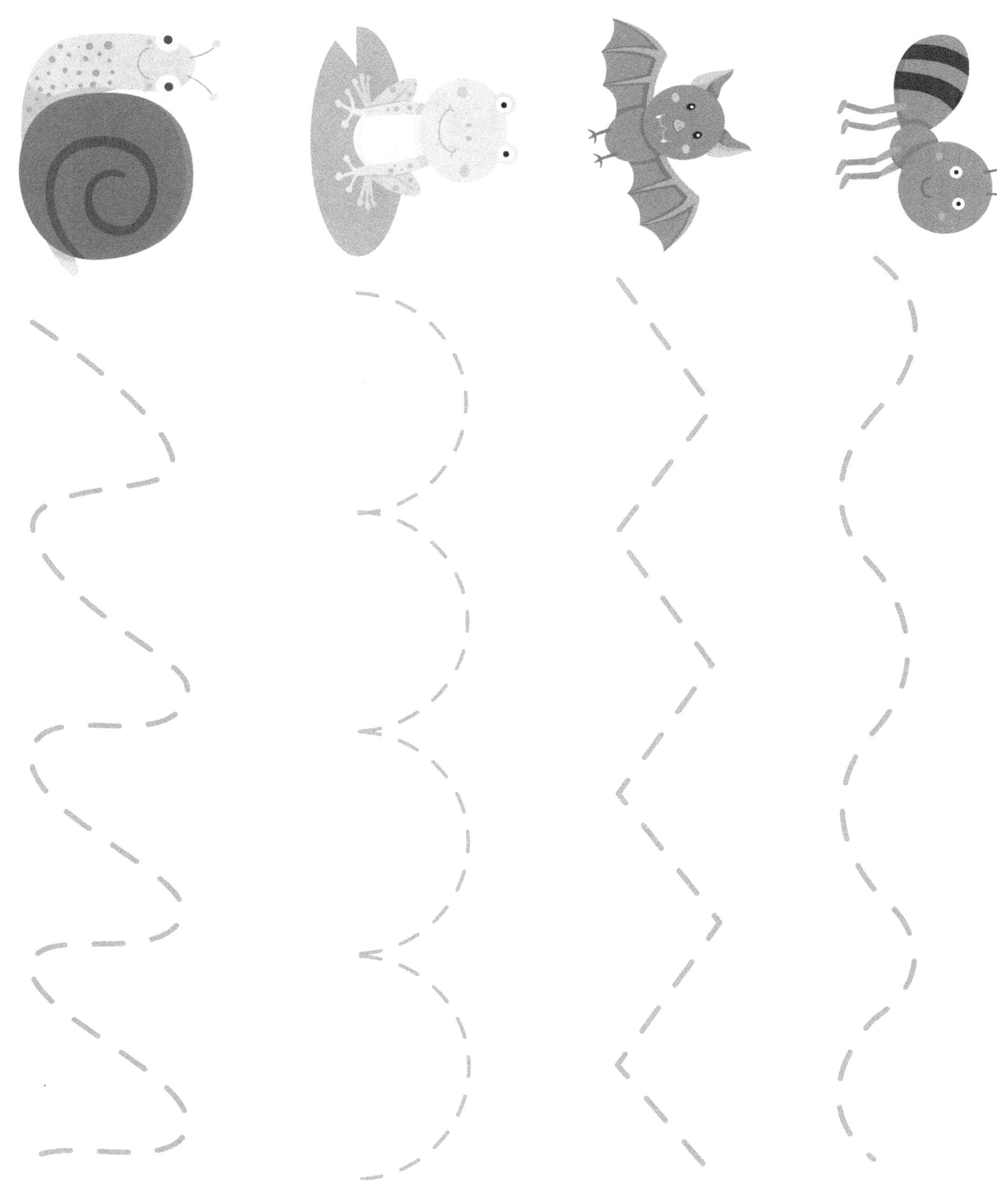

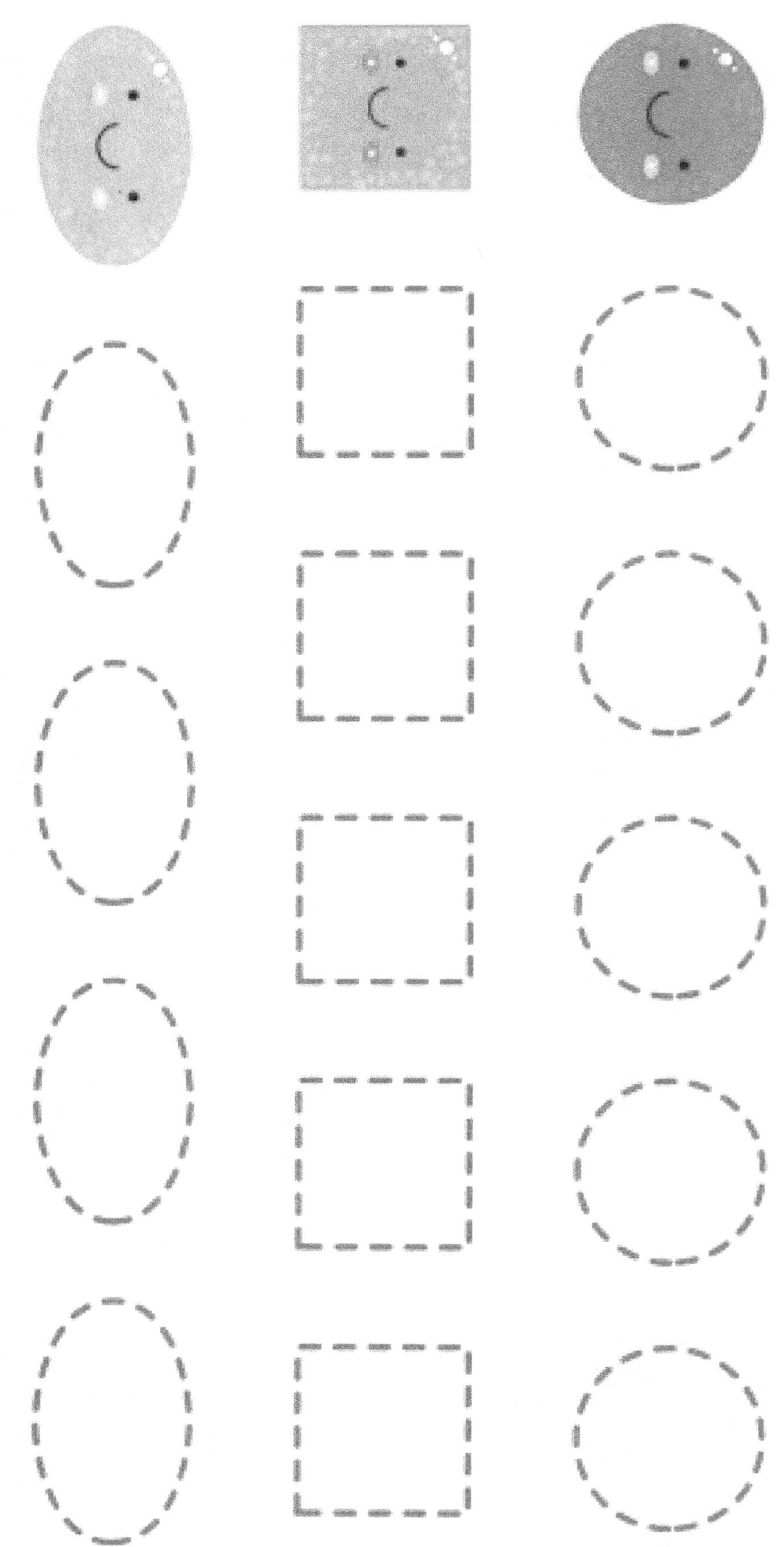

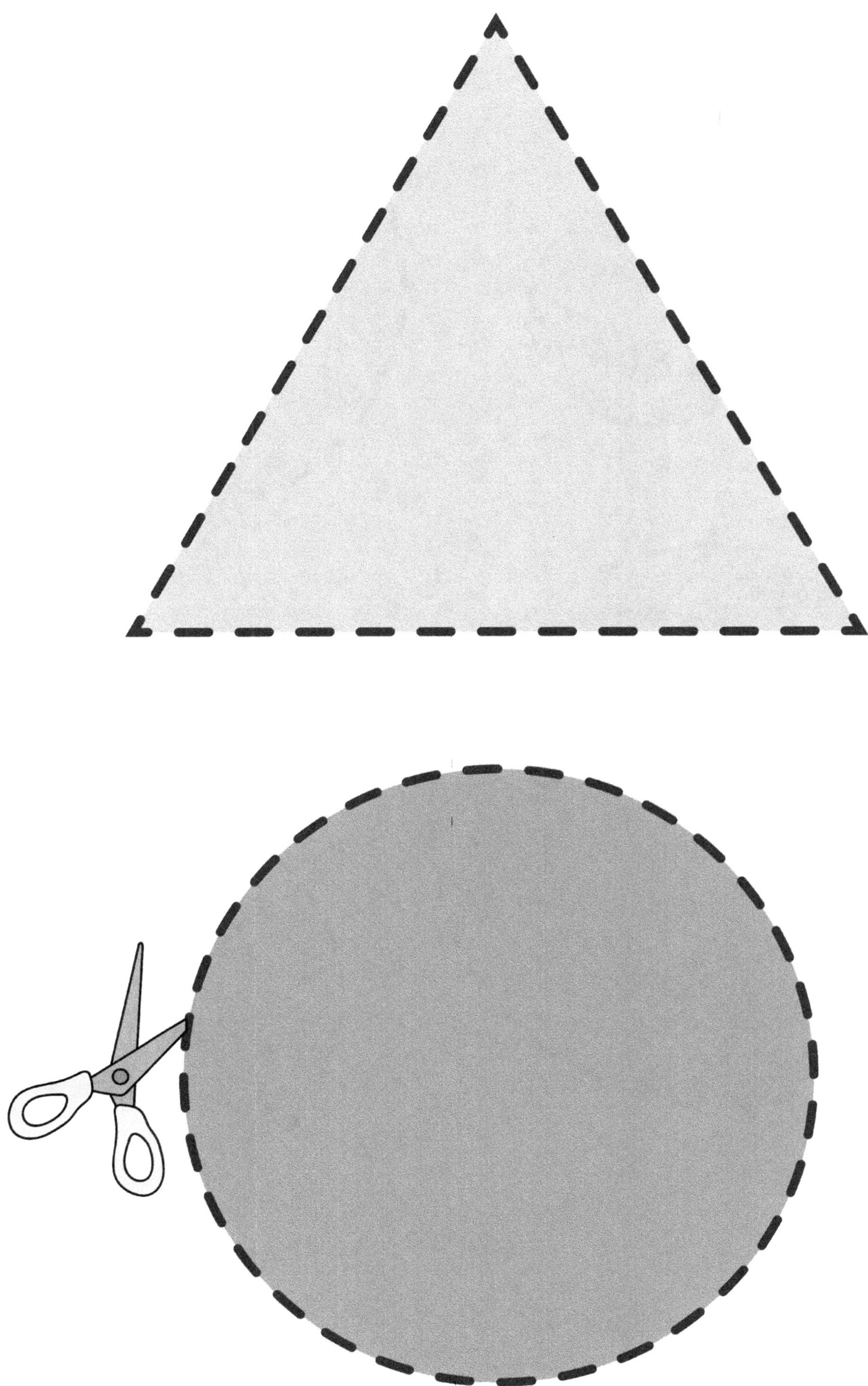

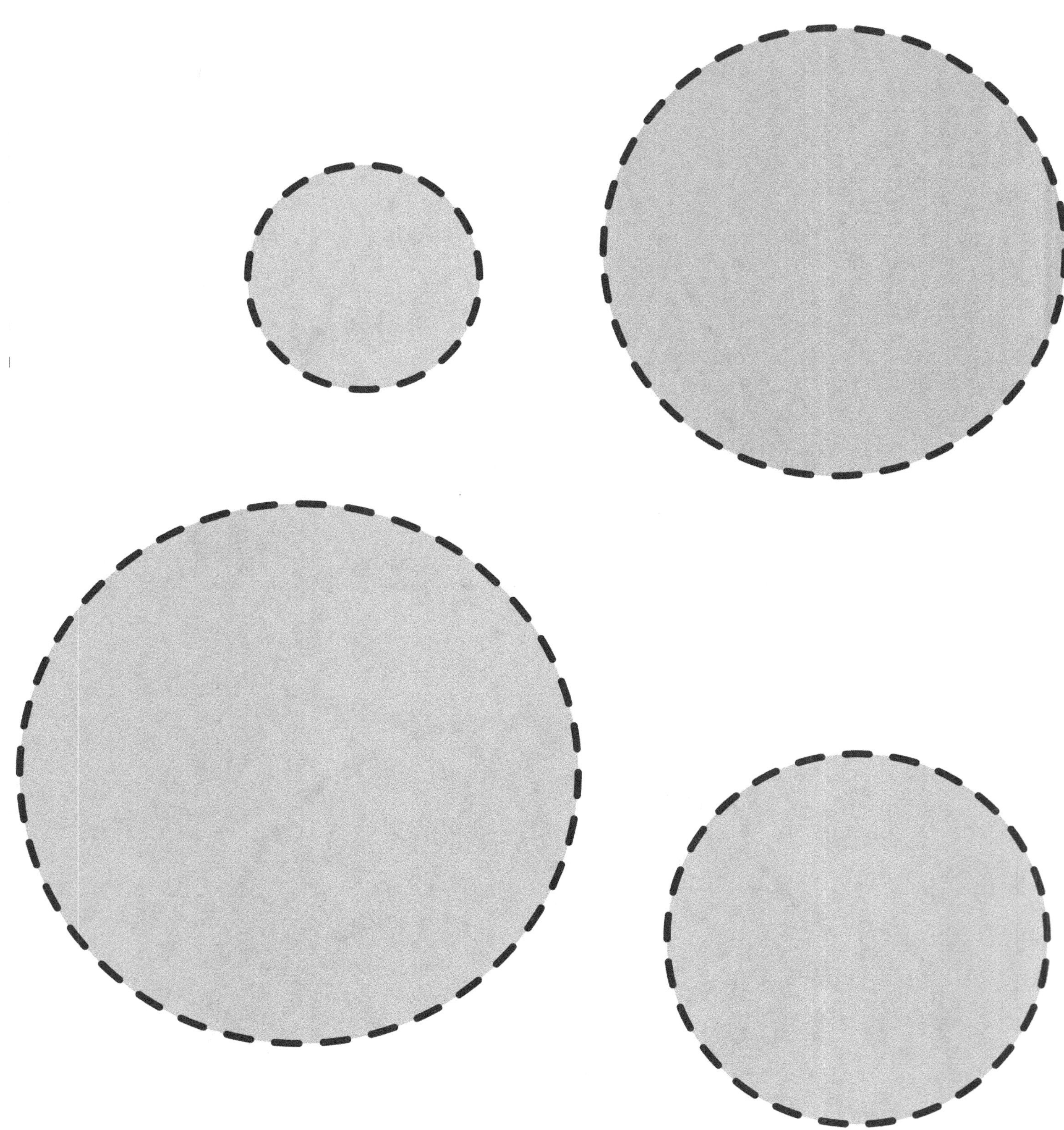

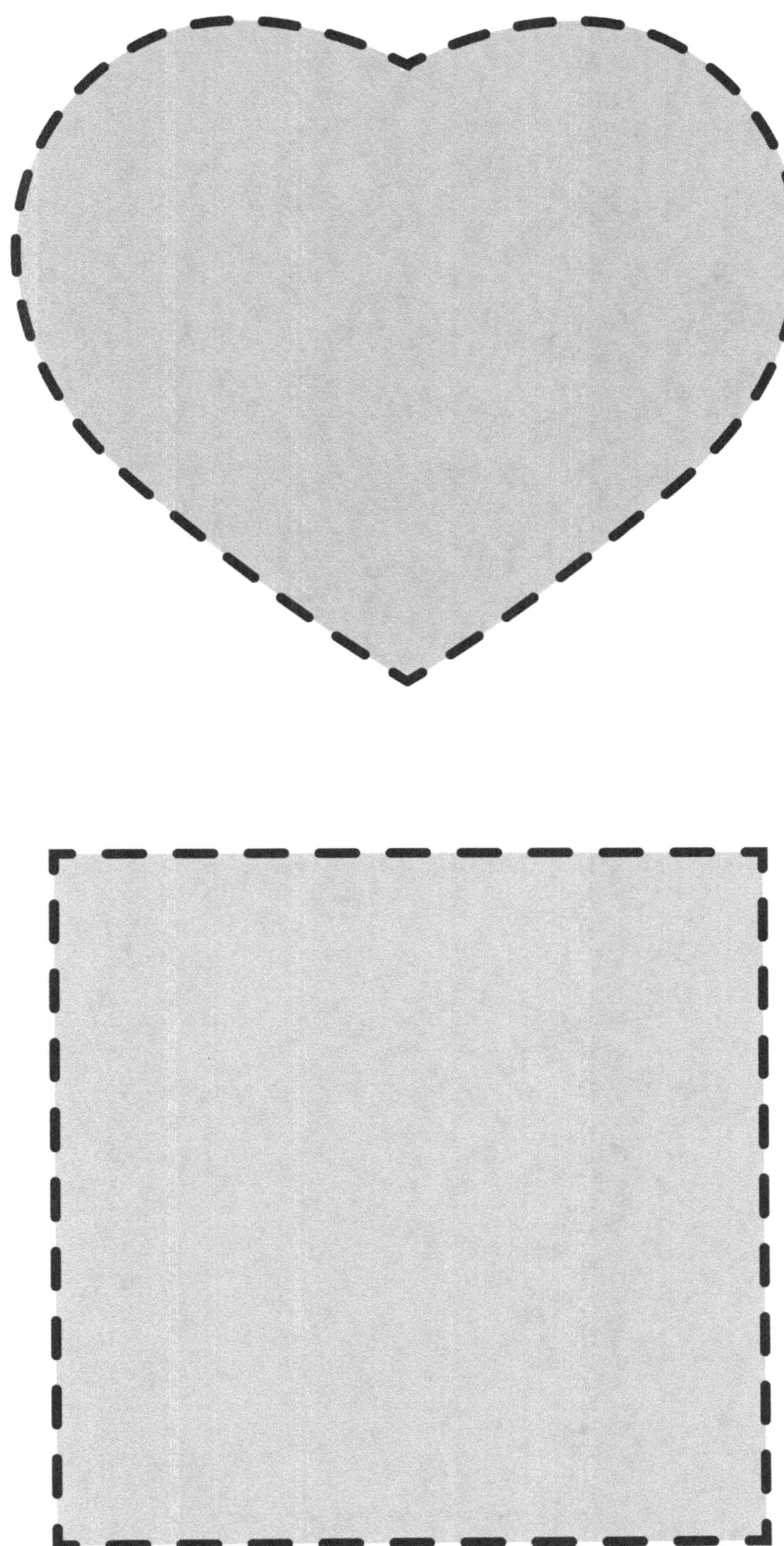

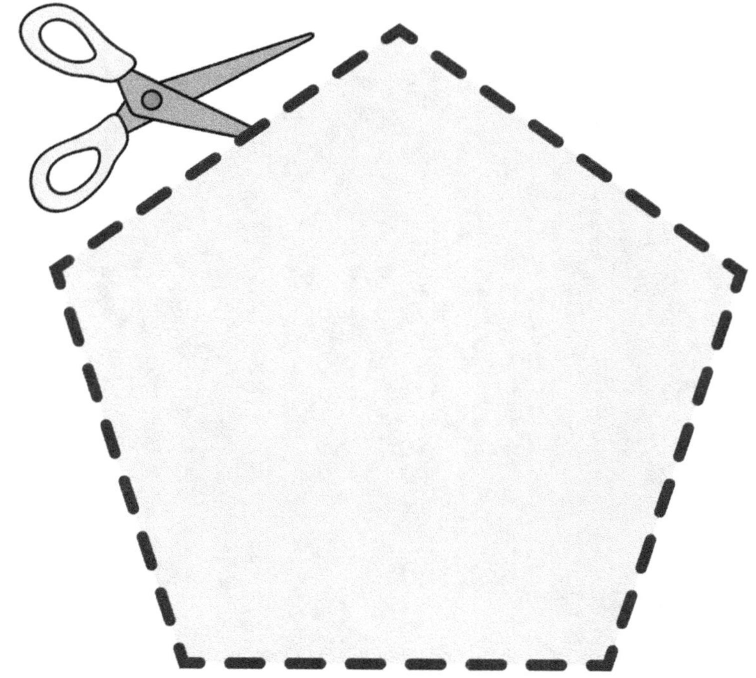

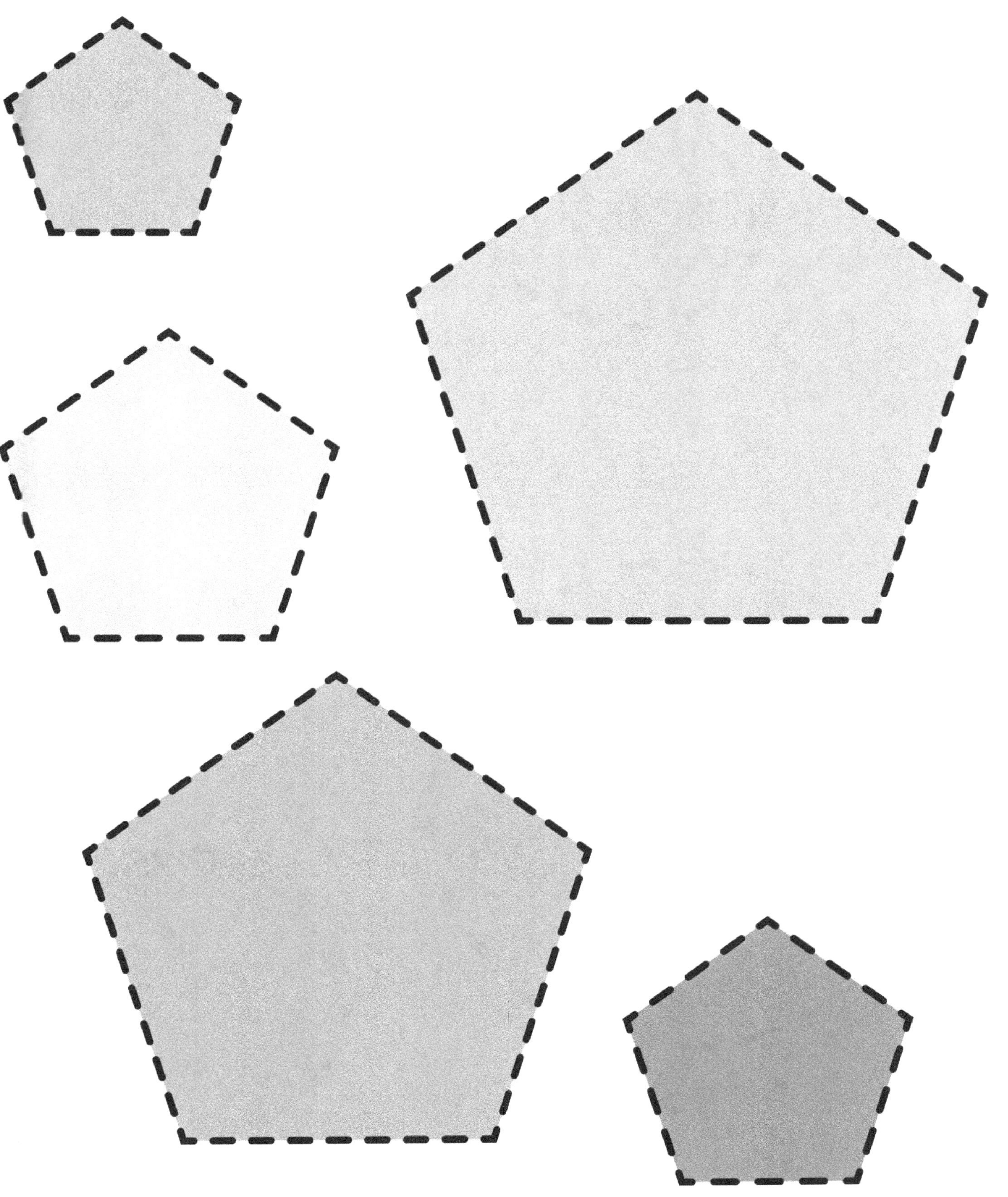

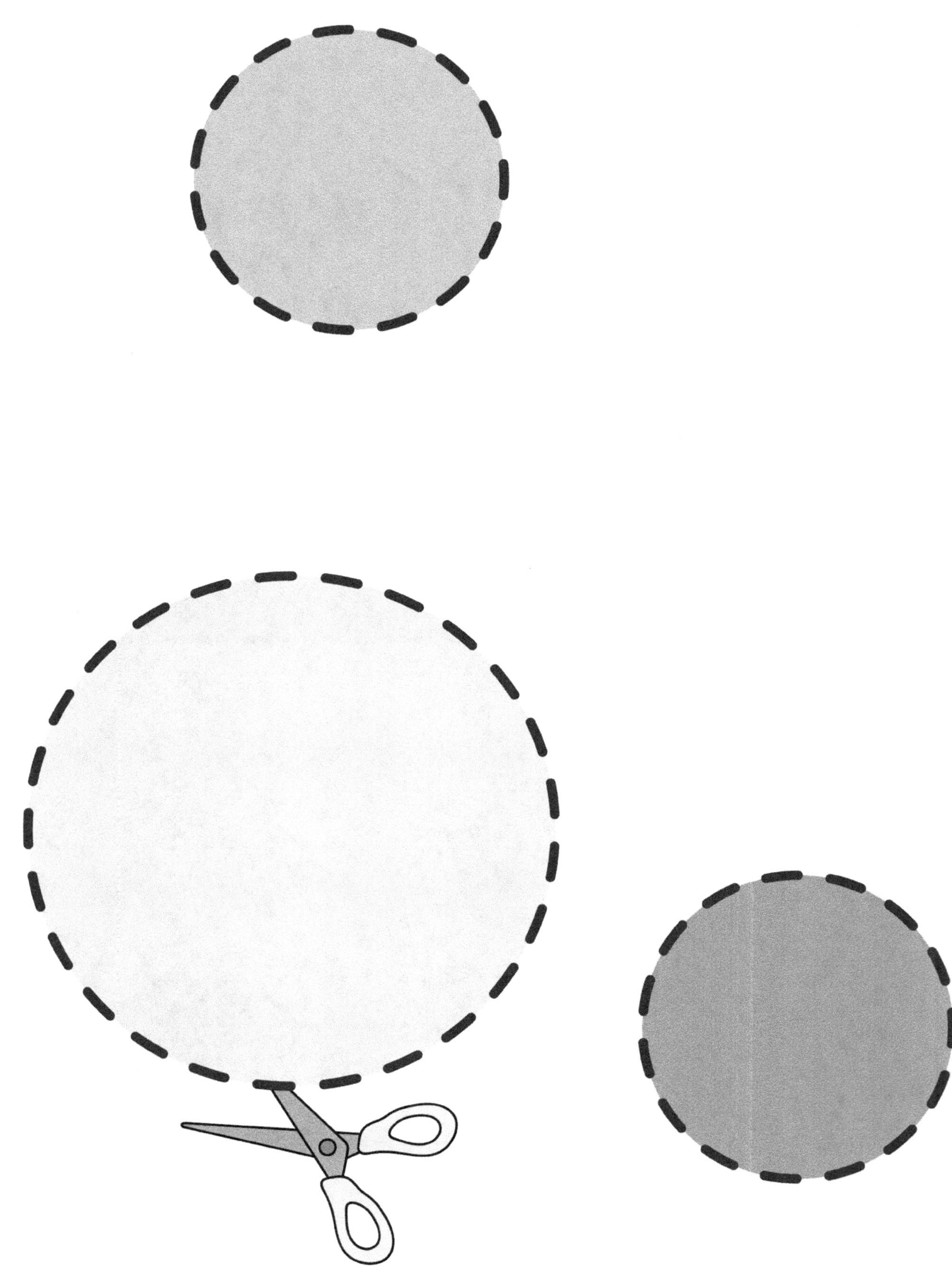

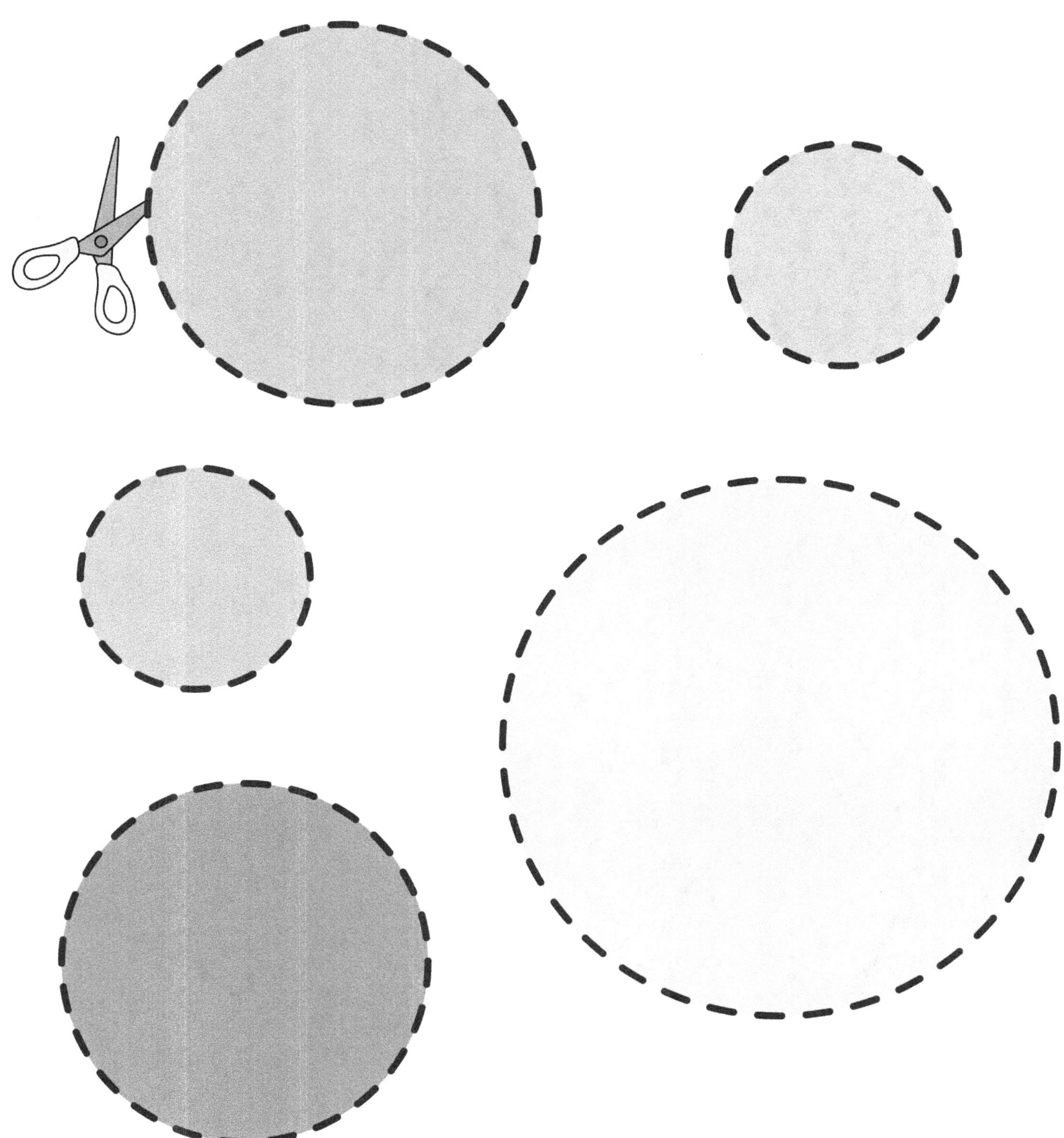

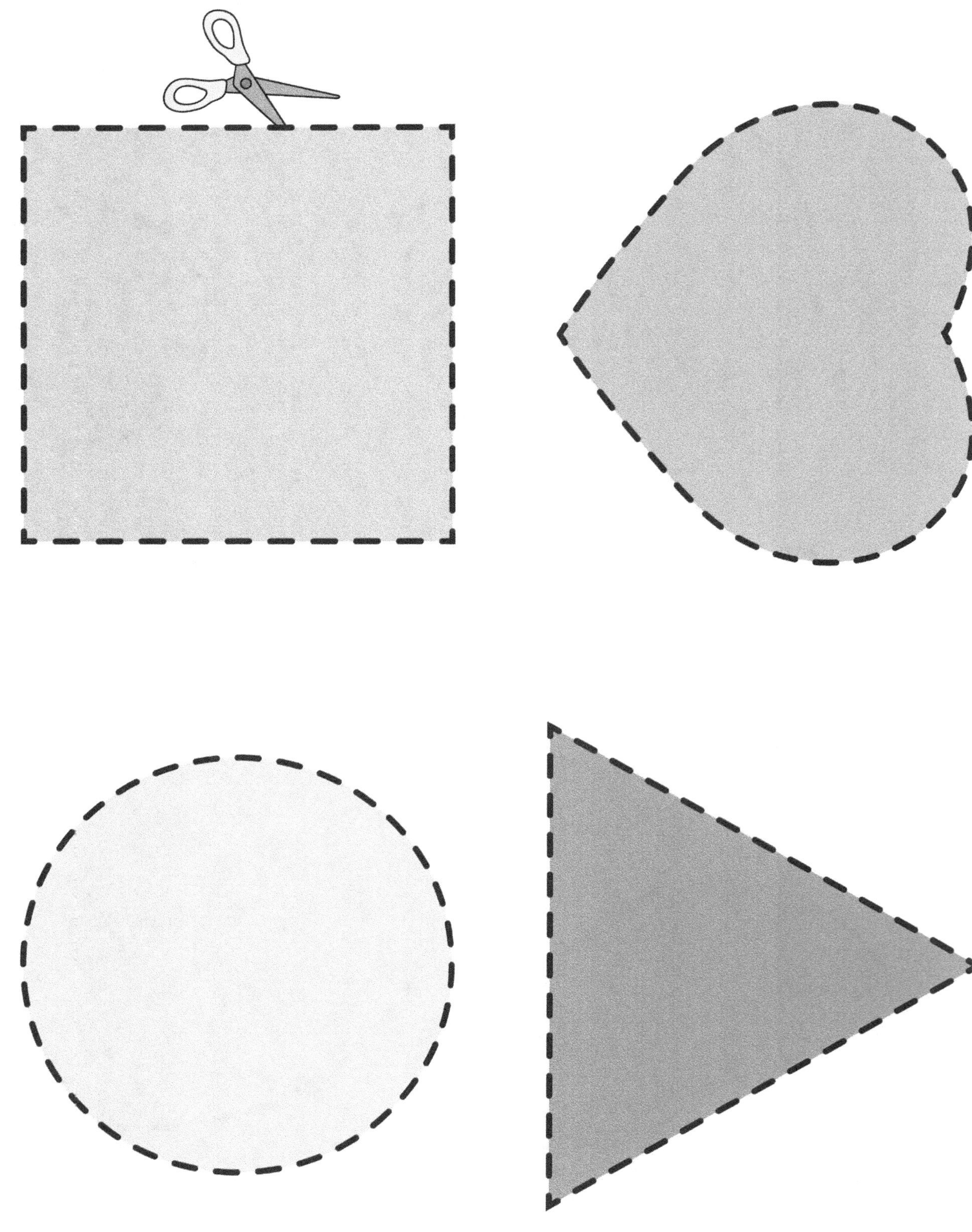

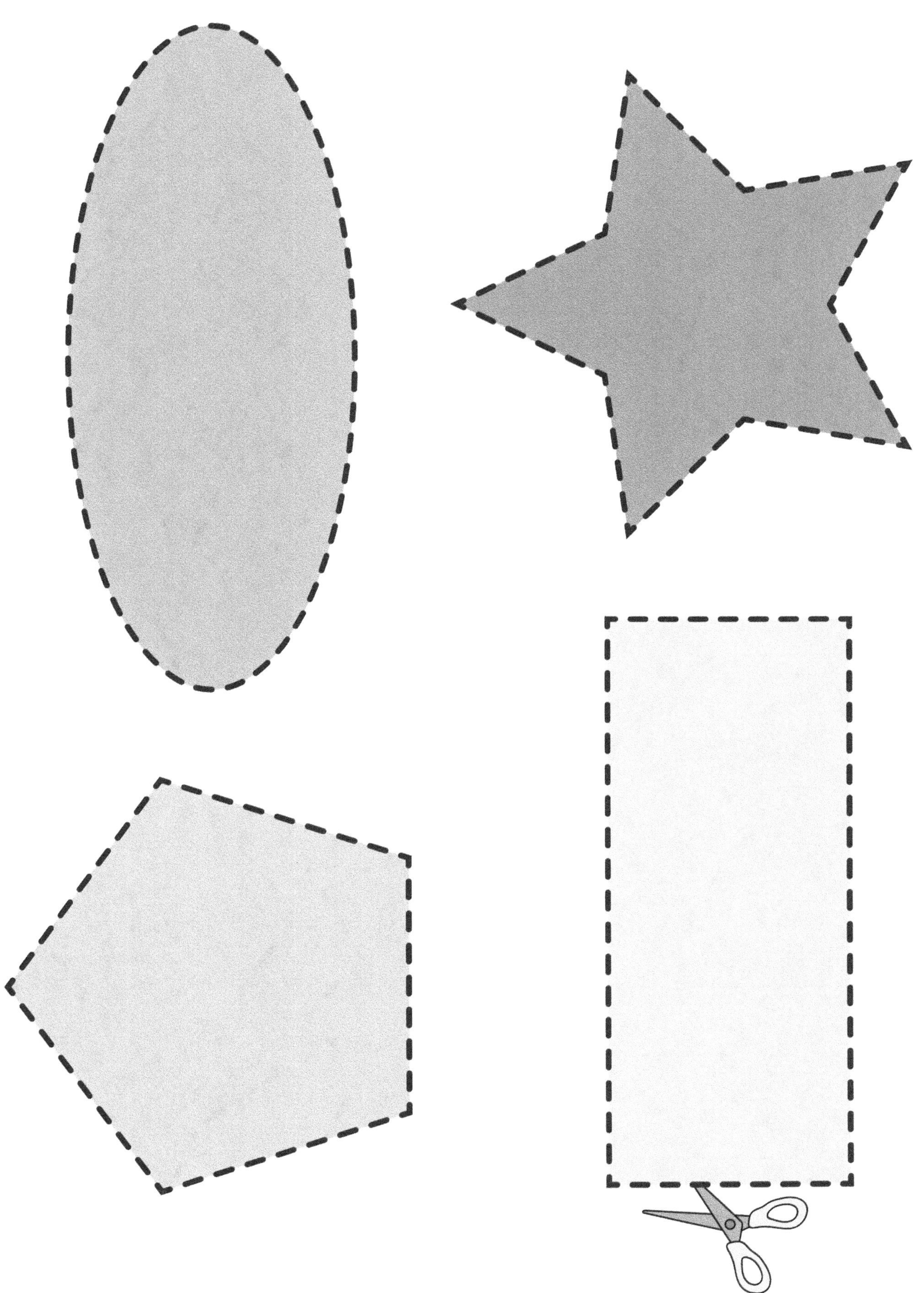

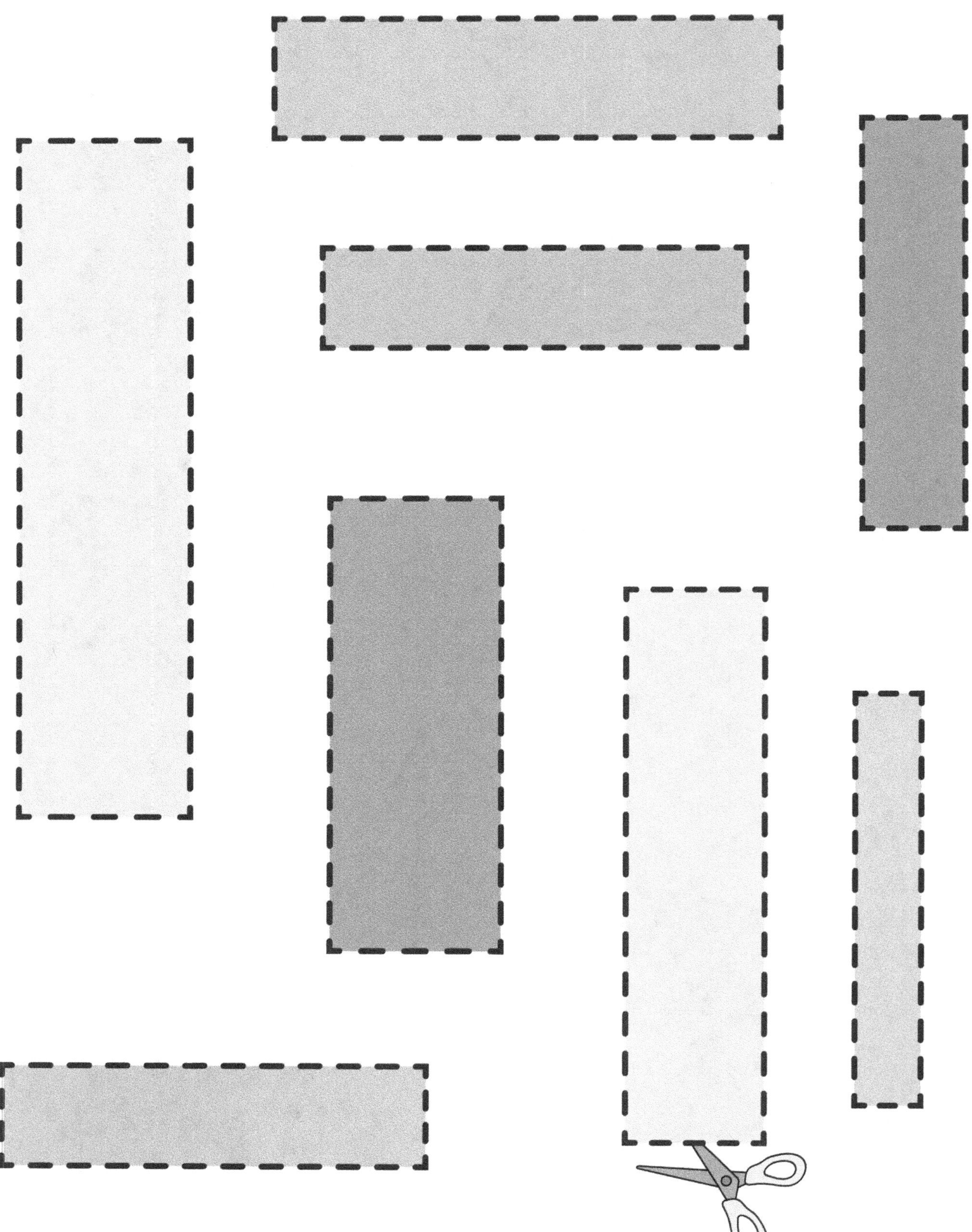

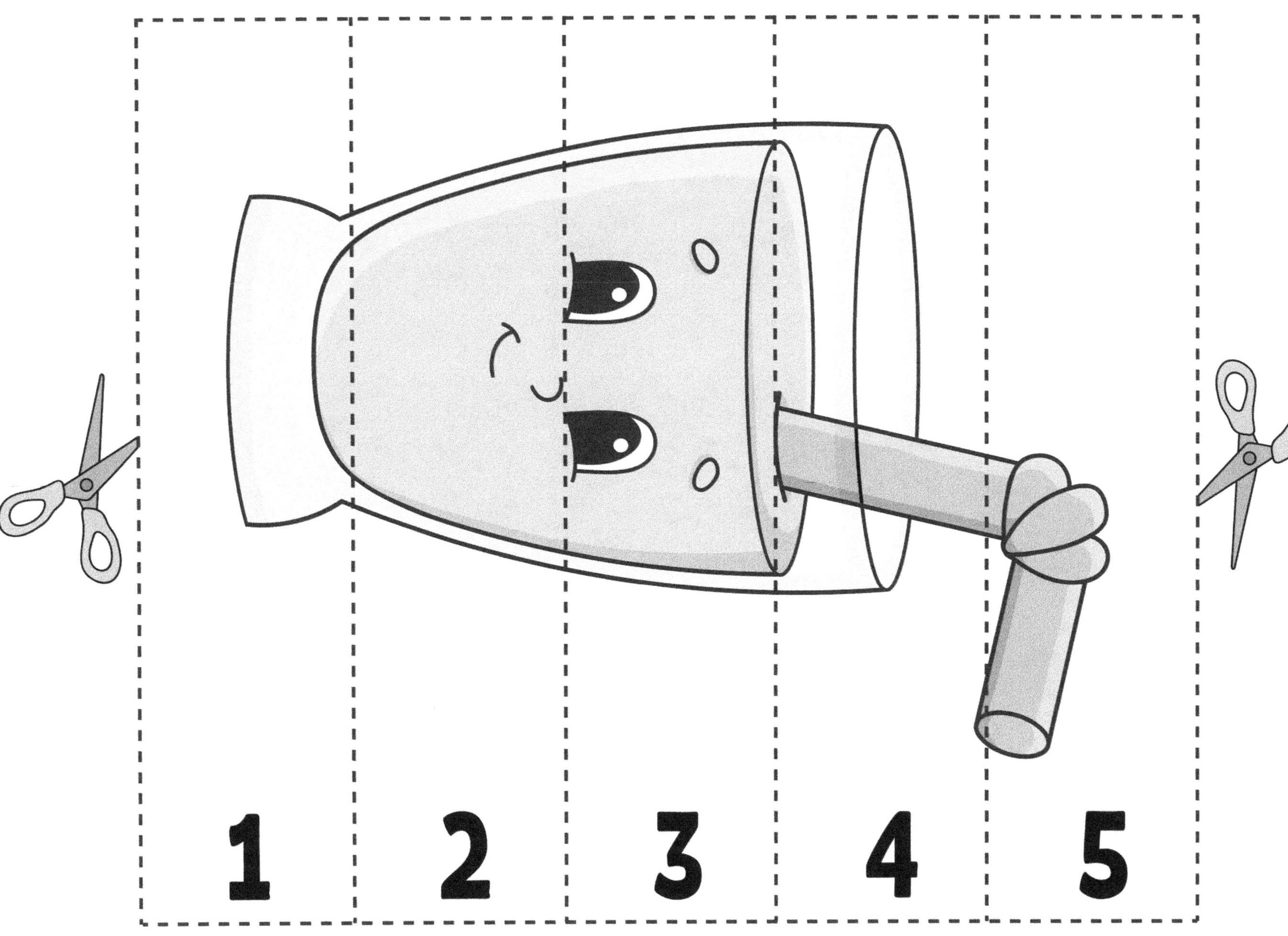

1
2
3
4
5

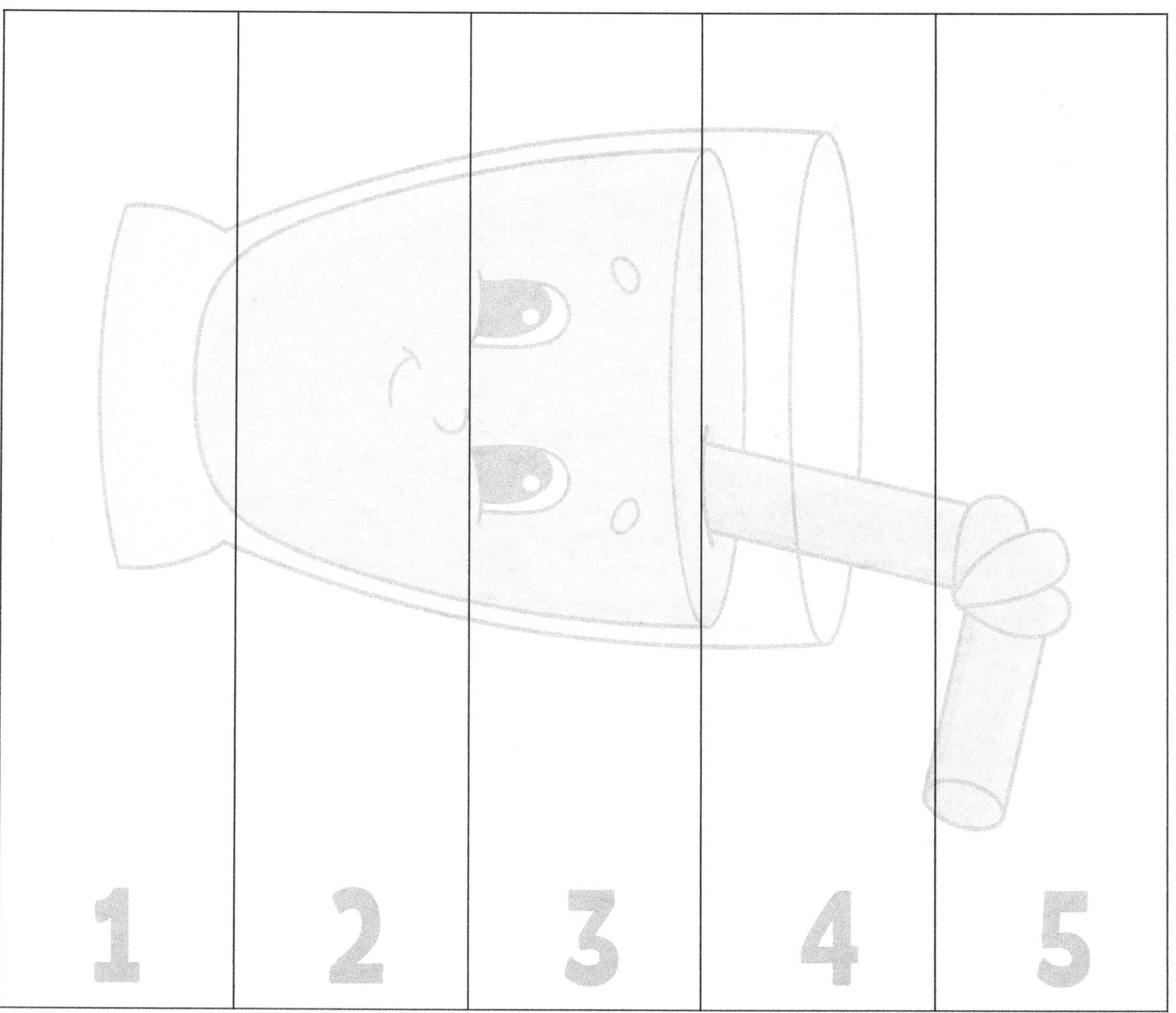

1   2   3   4   5

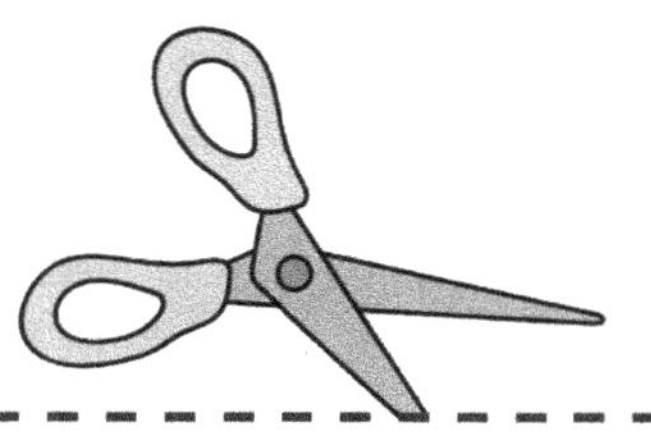

1

2

3

4

5

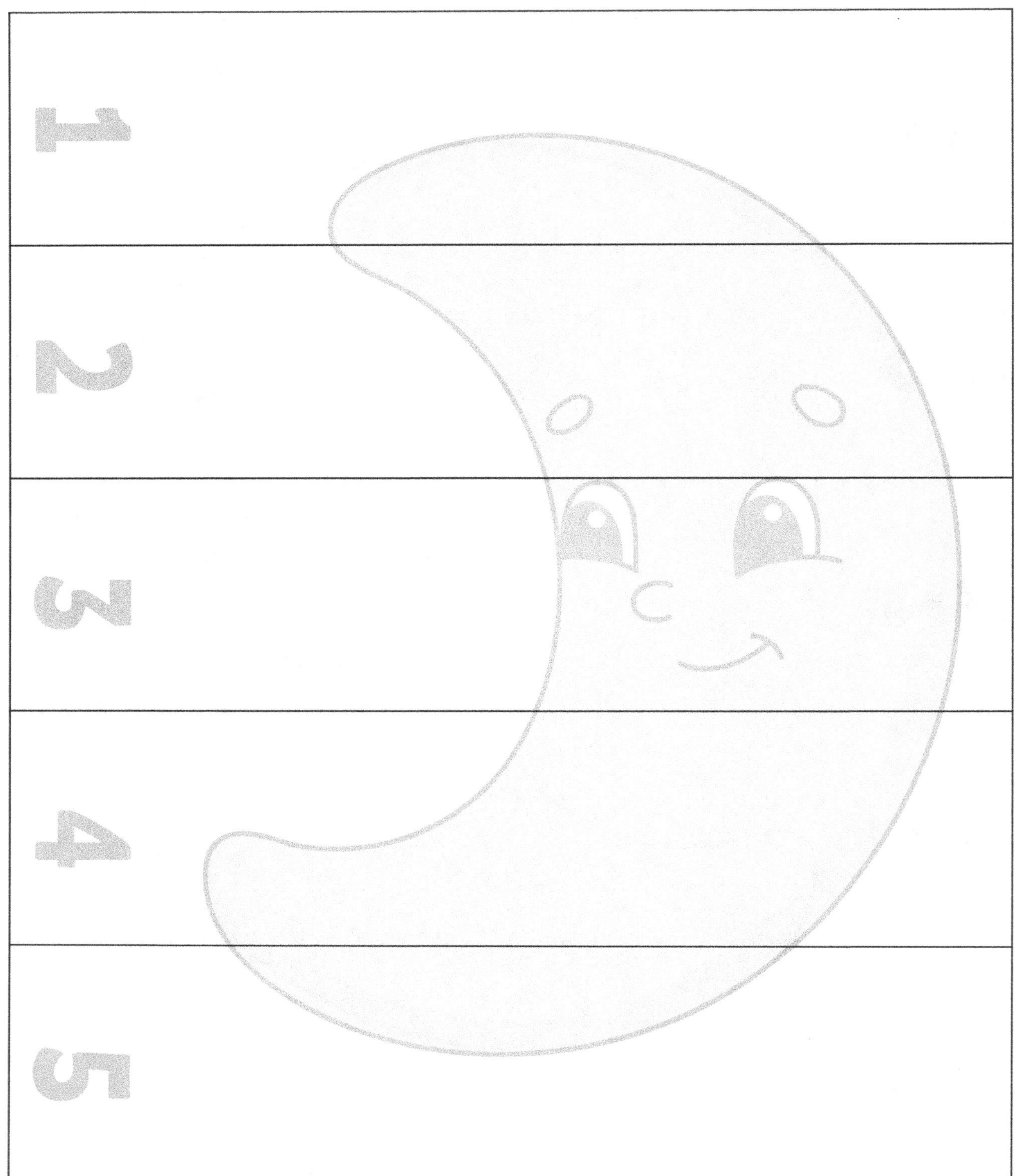

1 2 3 4 5

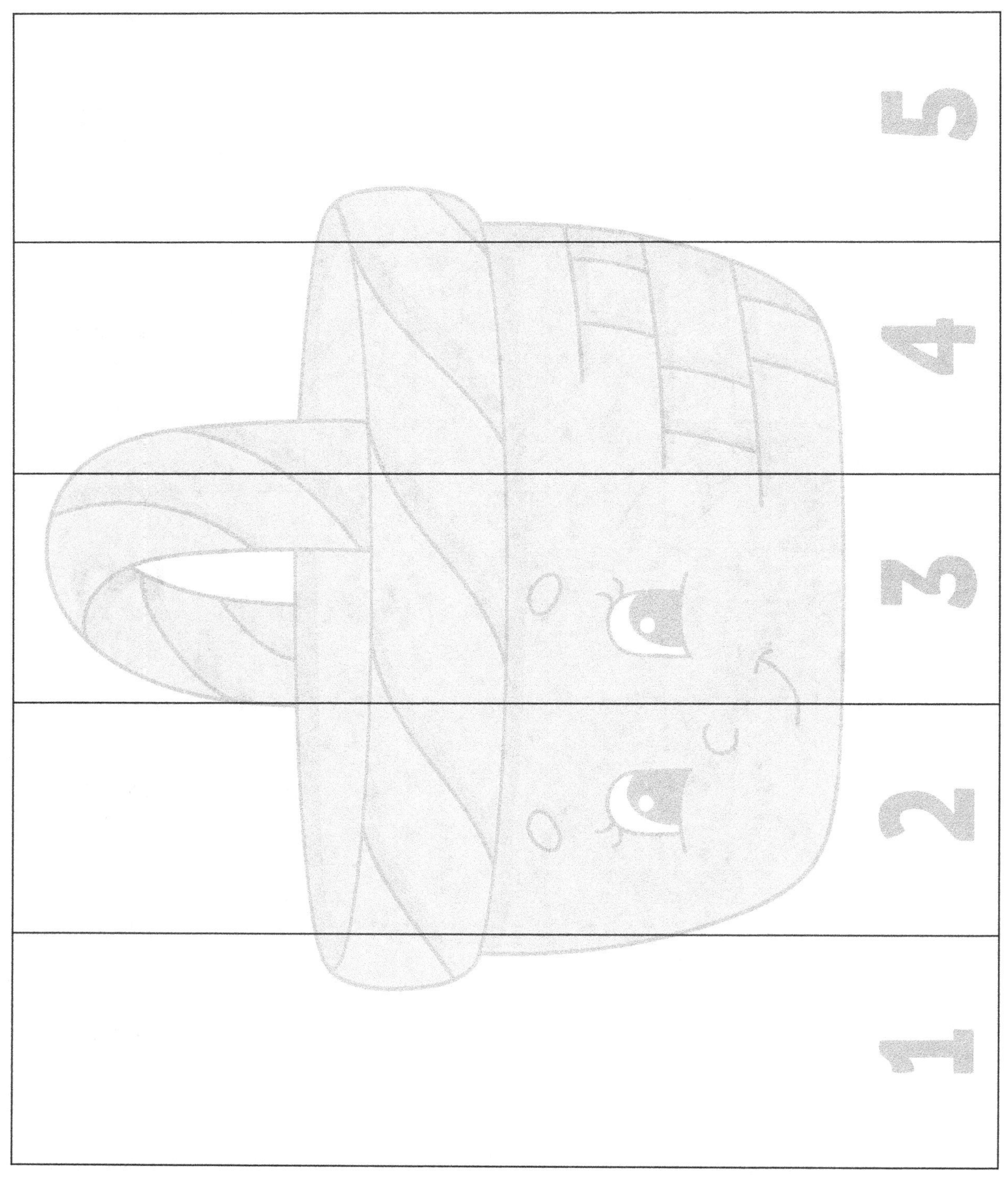

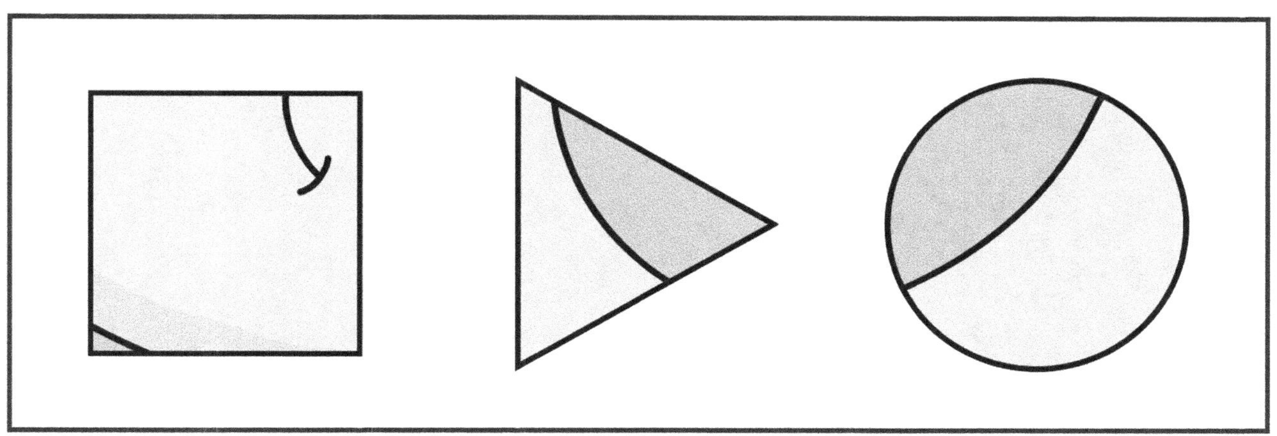

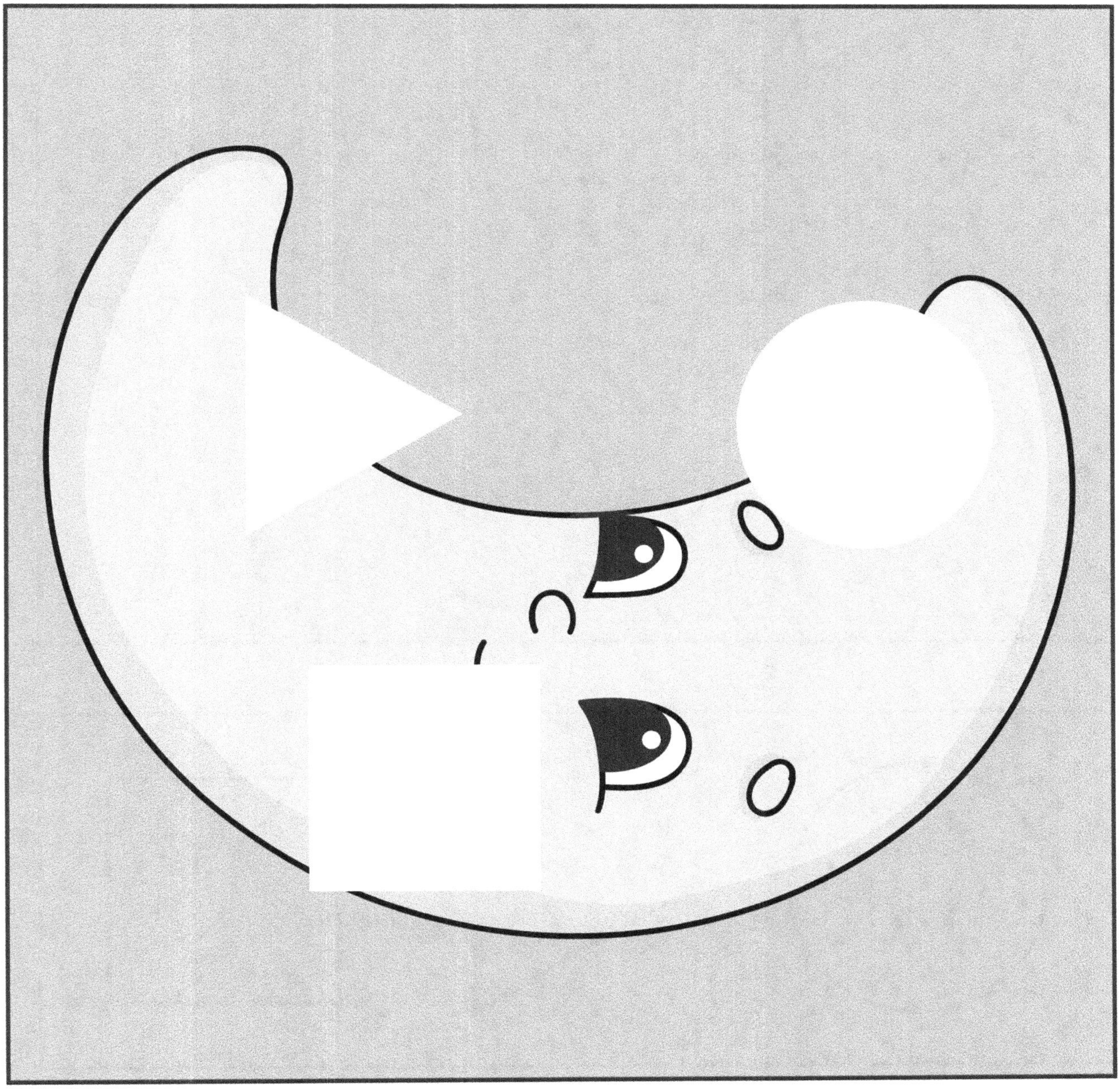

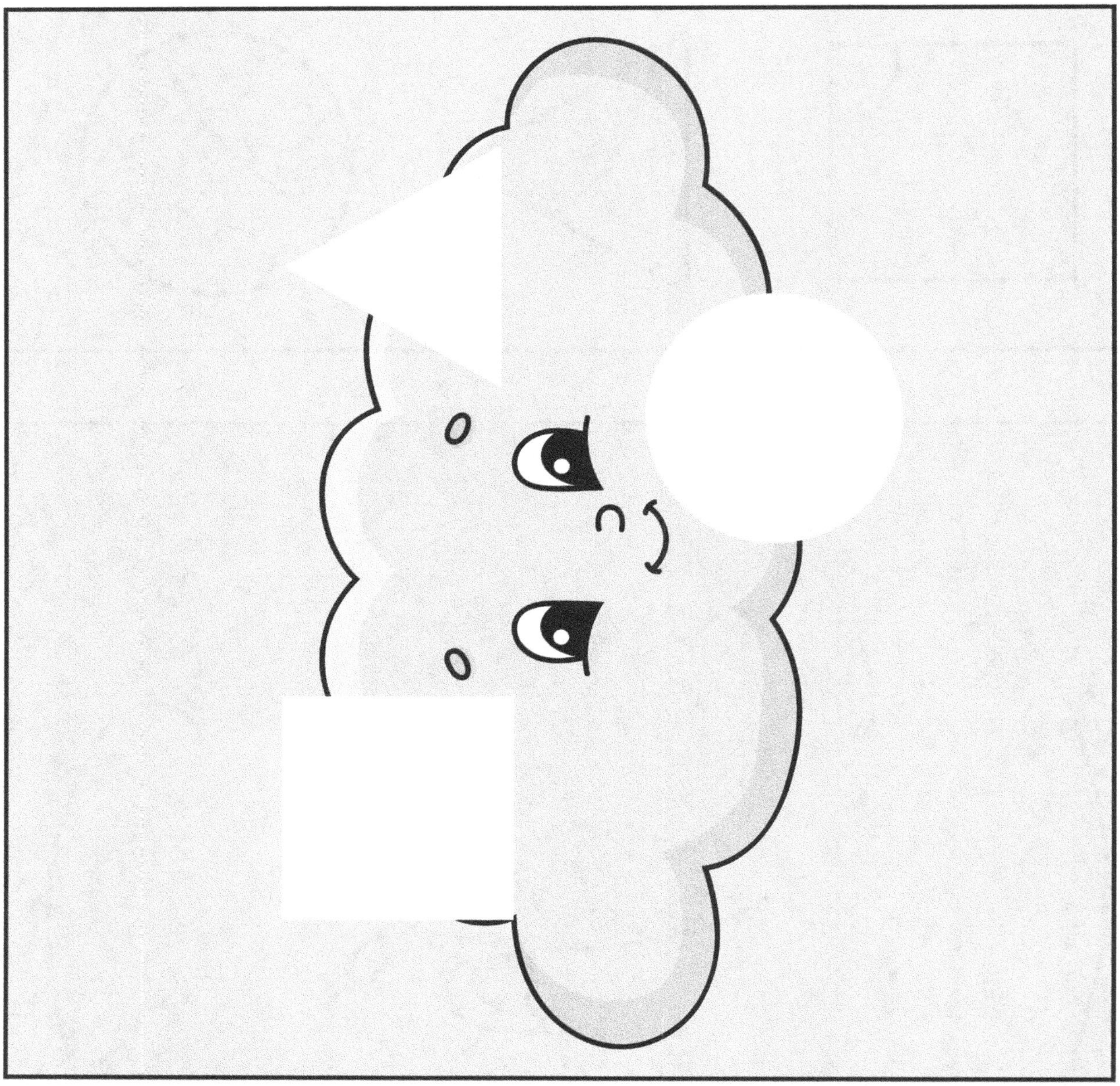

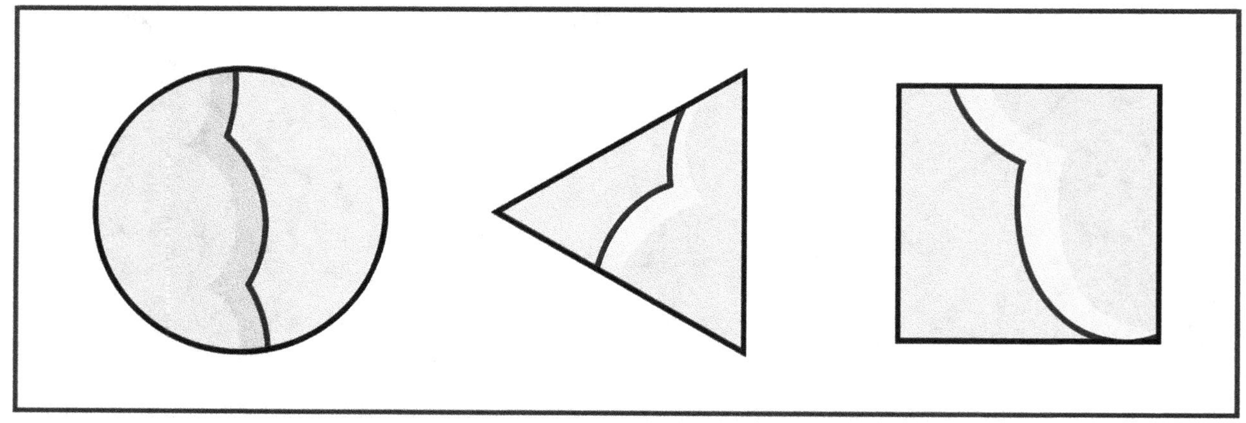

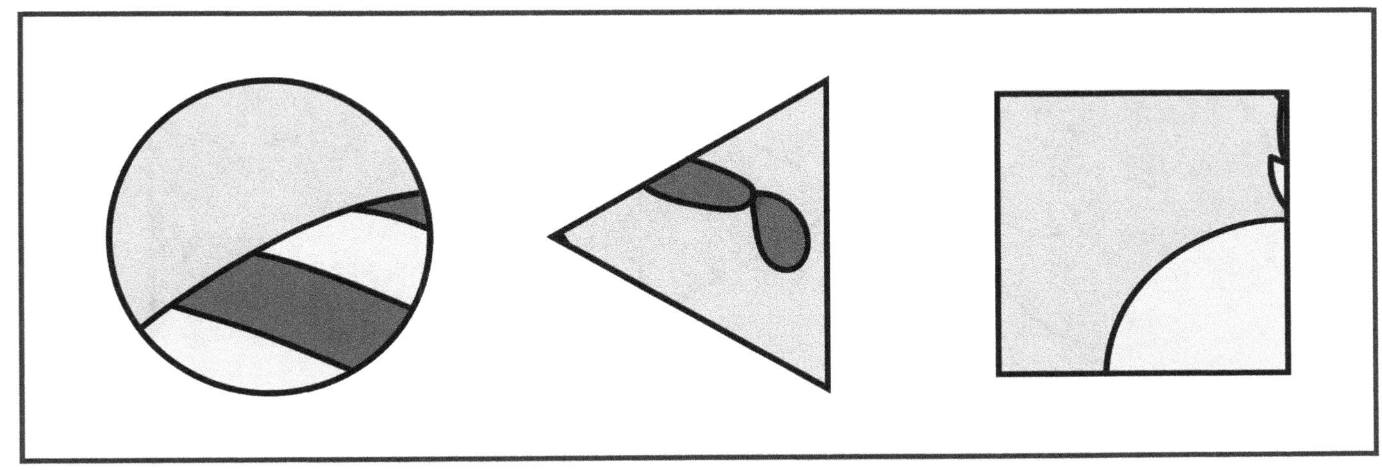

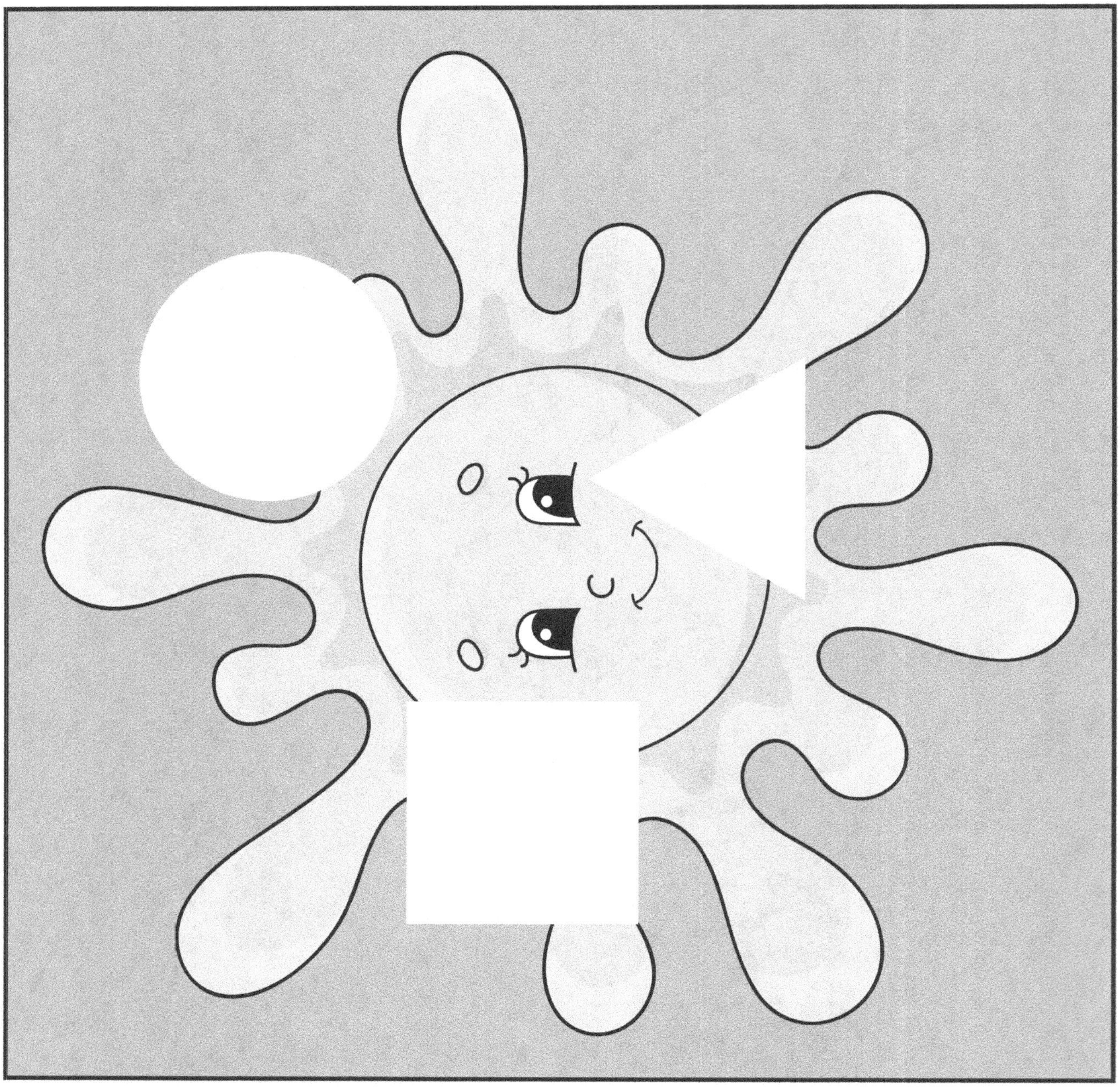

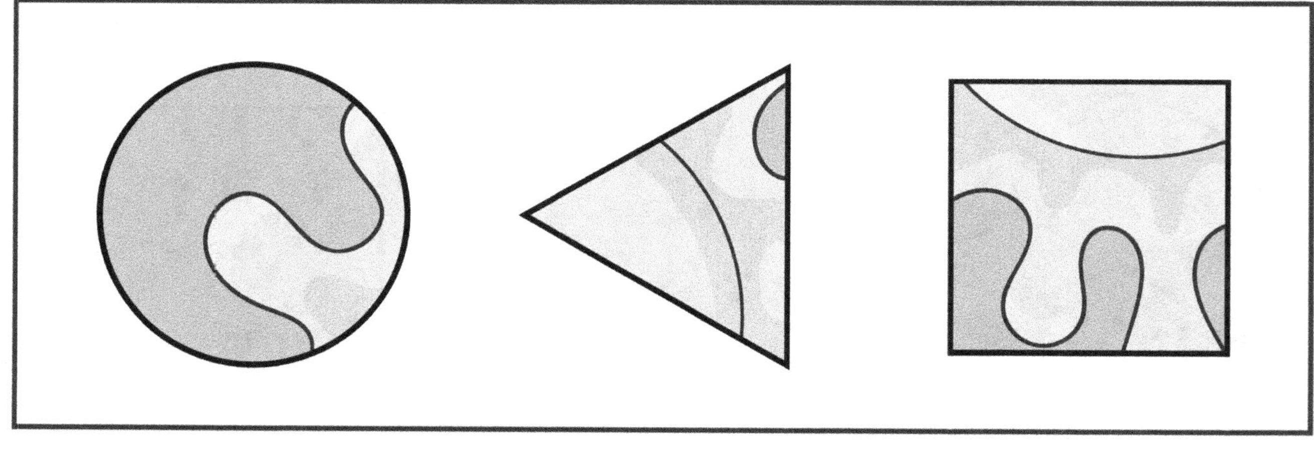

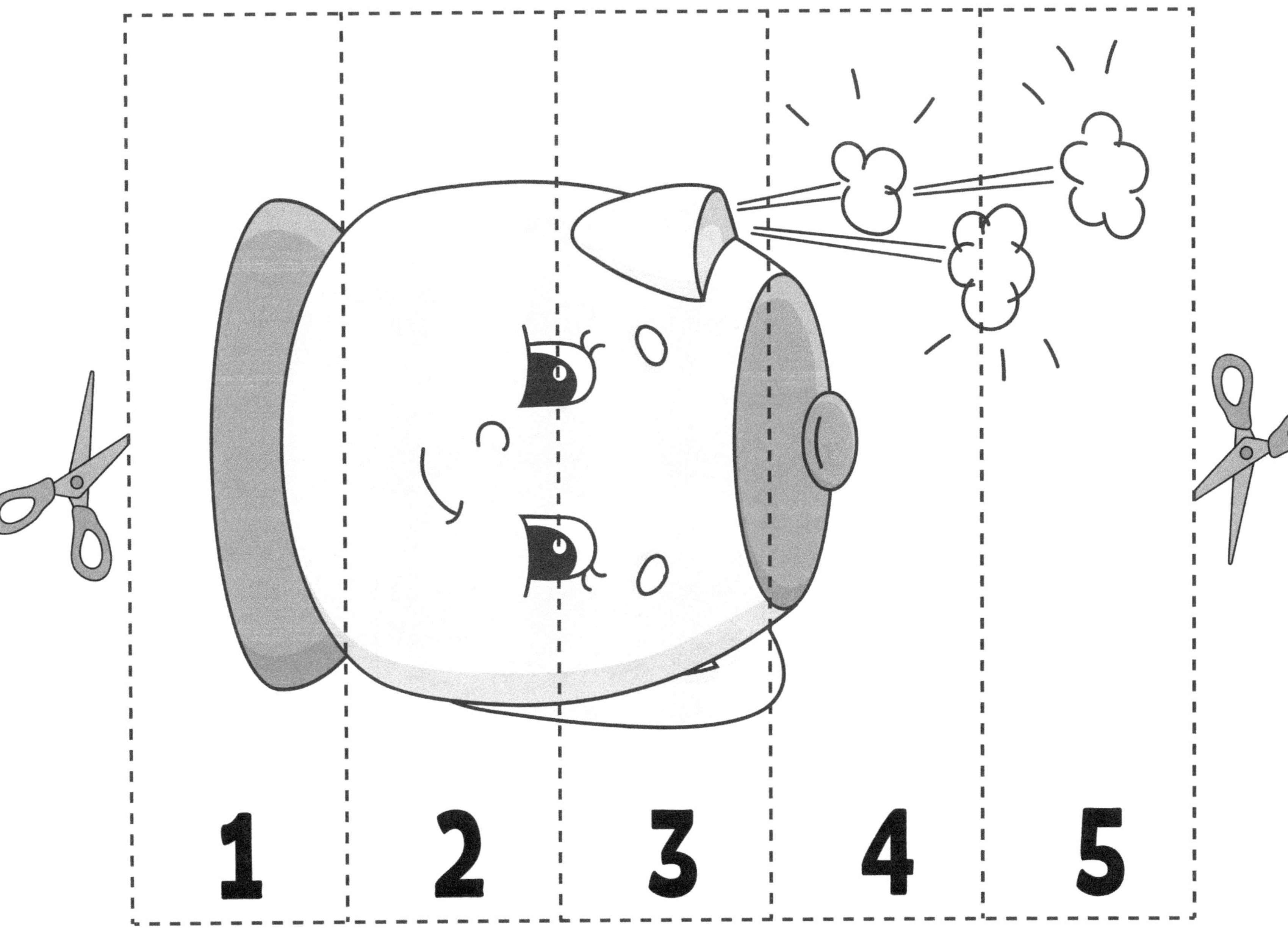

1
2
3
4
5

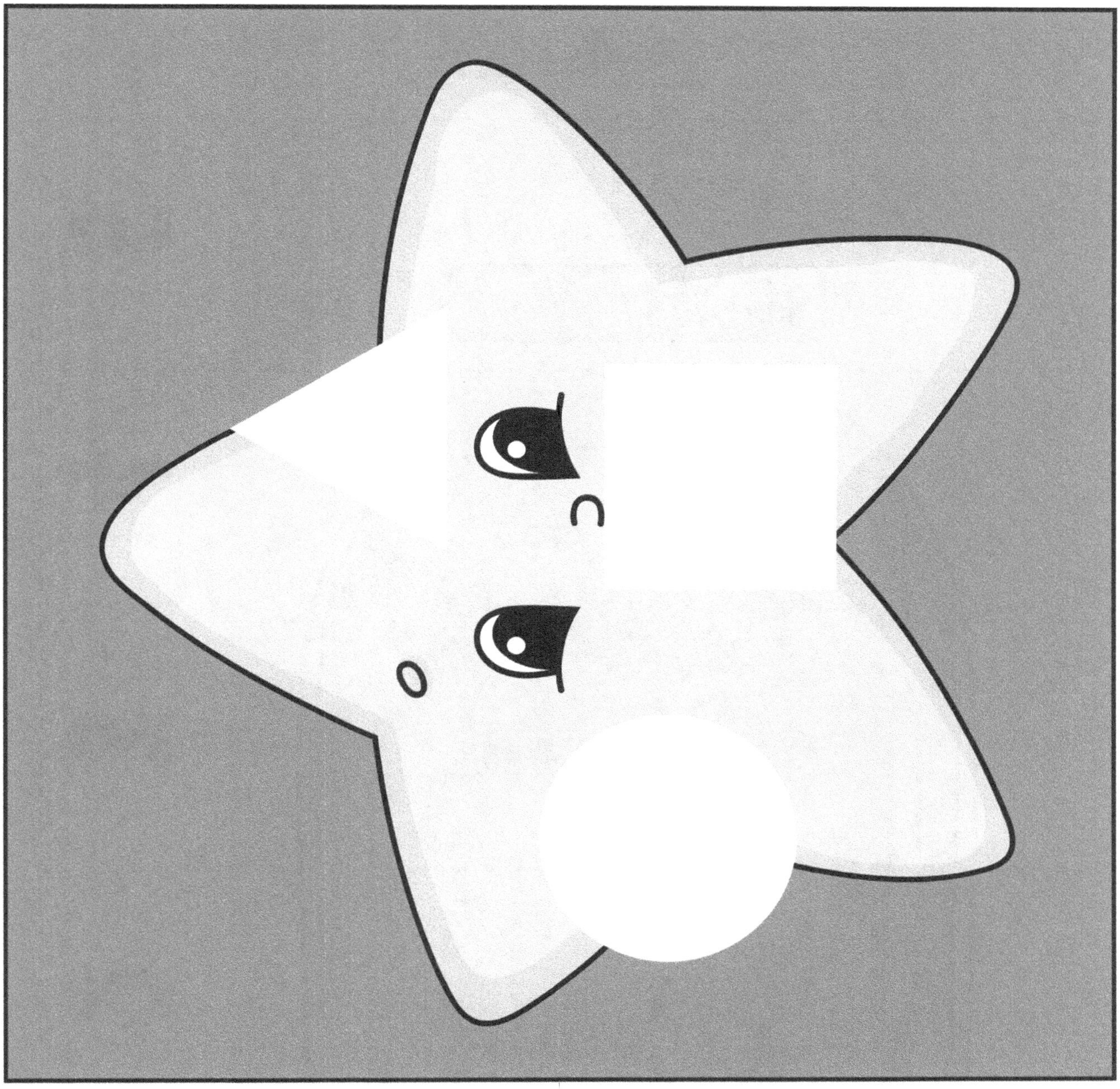

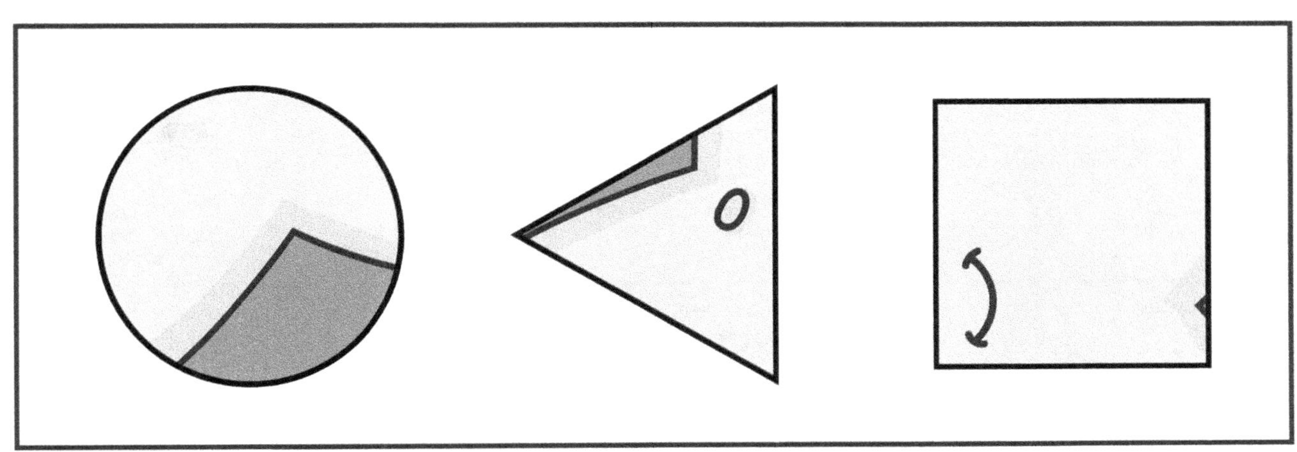

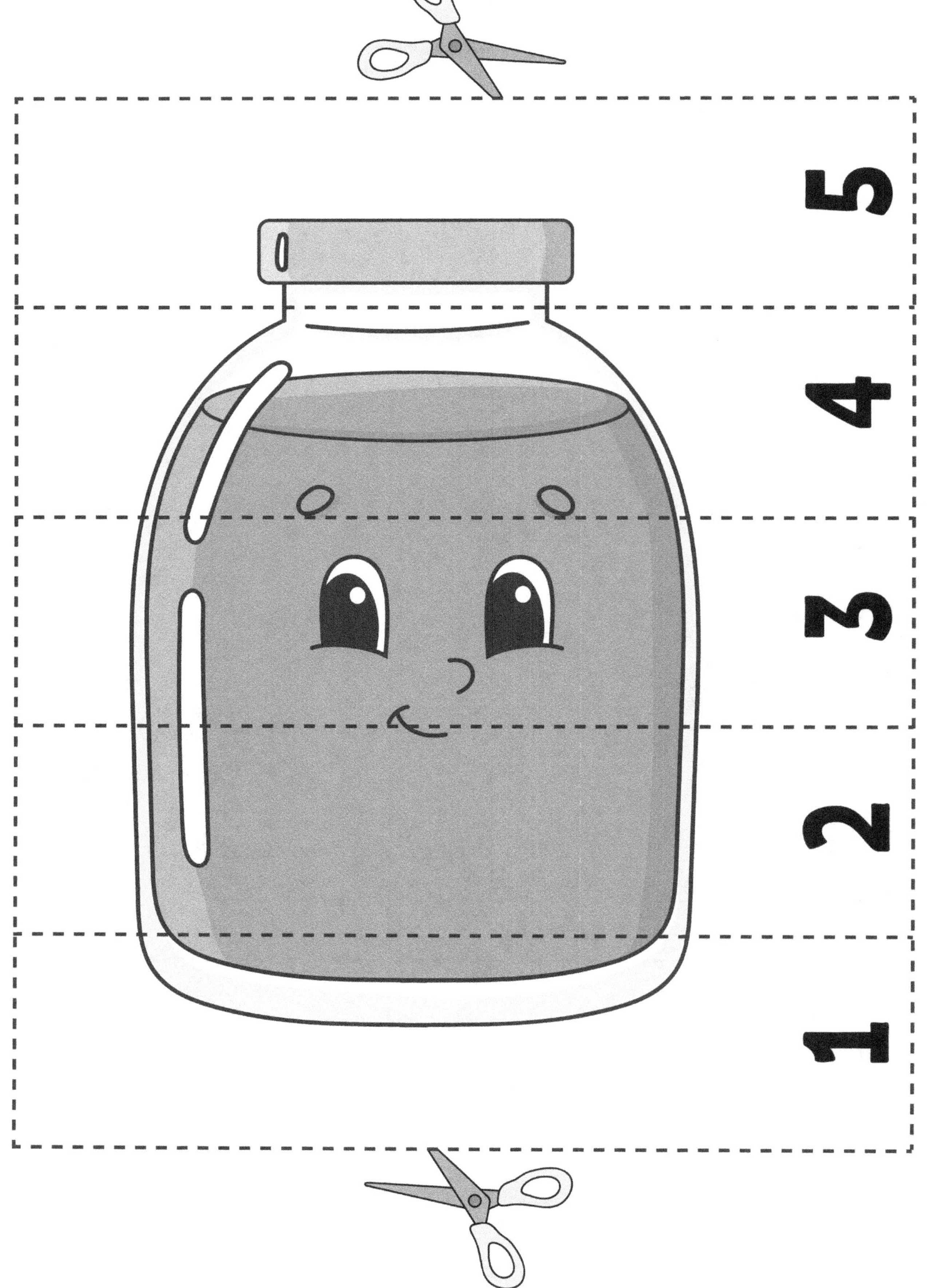

5
4
3
2
1

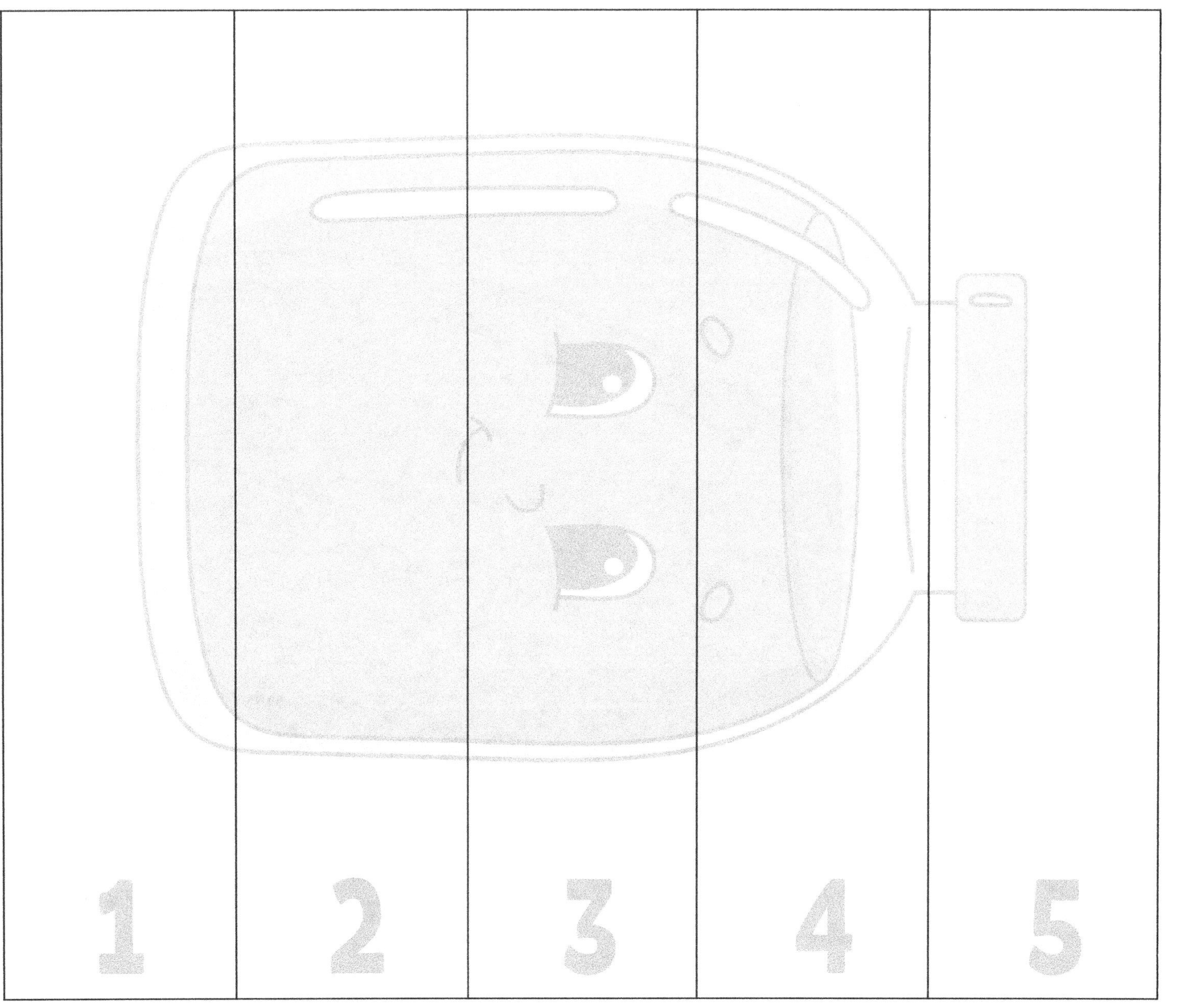
1
2
3
4
5

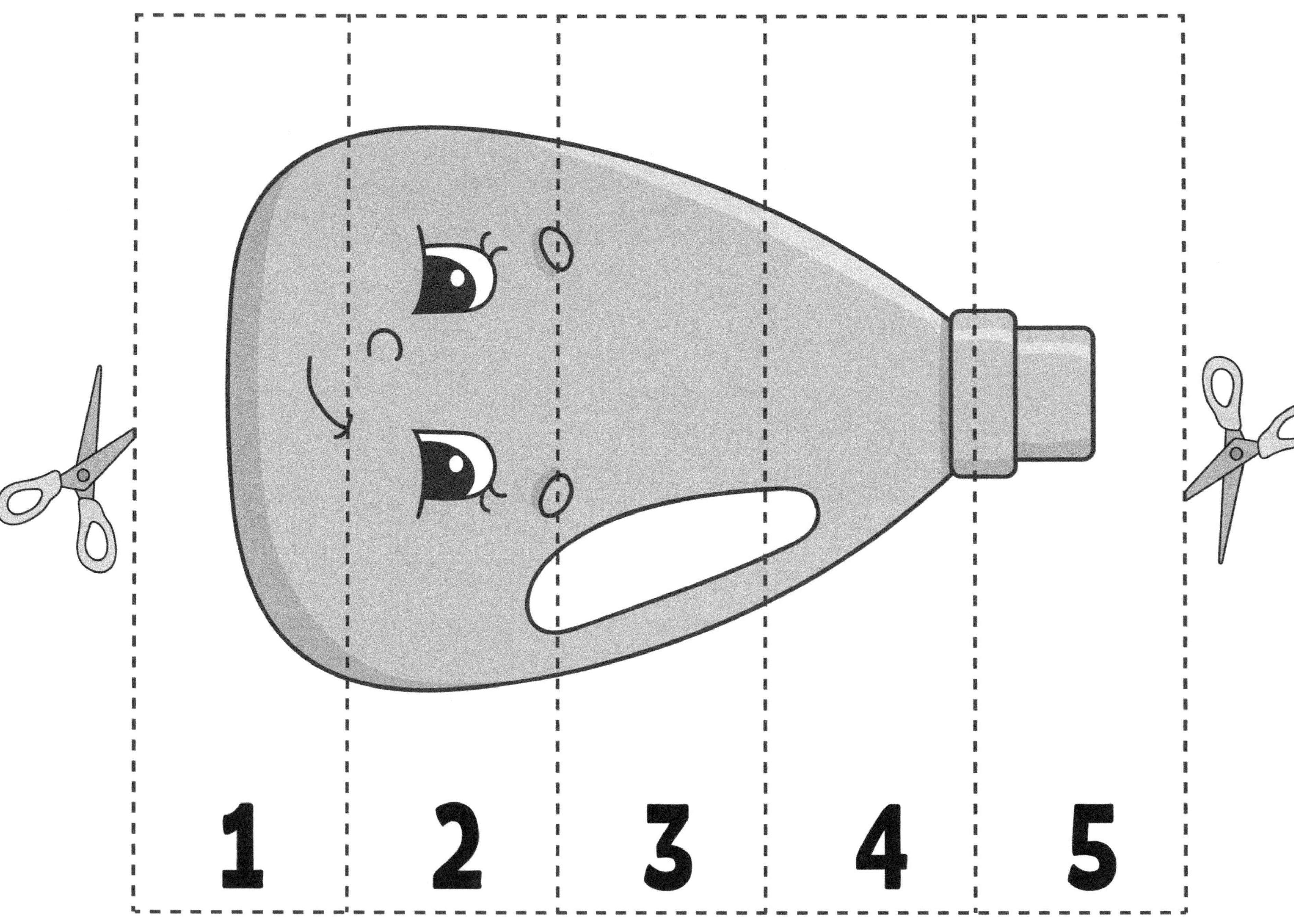

1
2
3
4
5

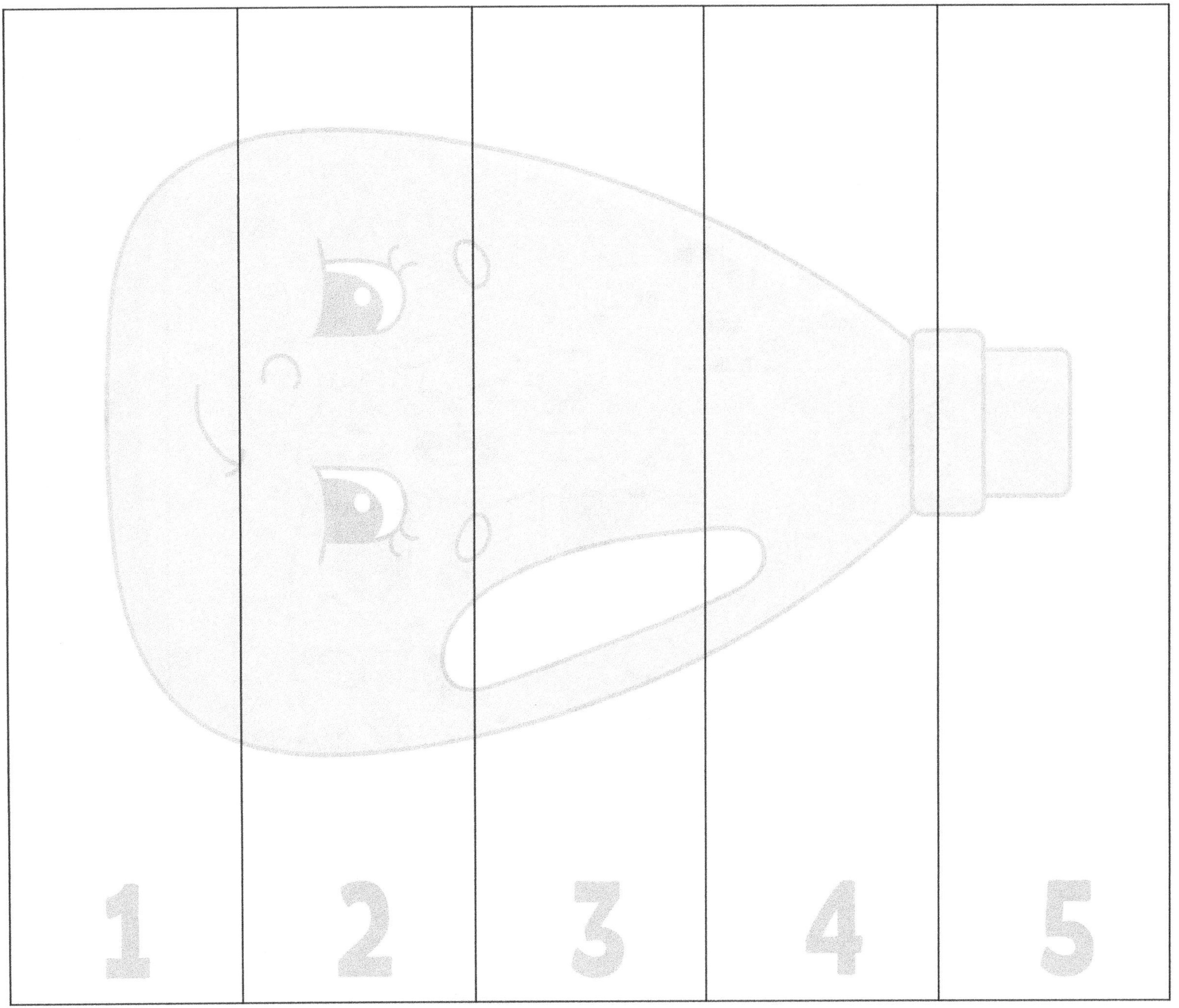
1
2
3
4
5

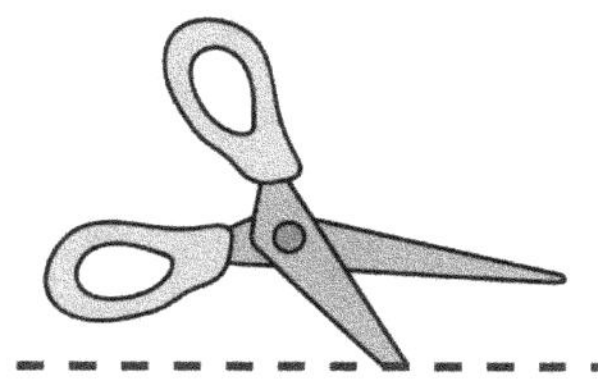

1

2

3

4

5

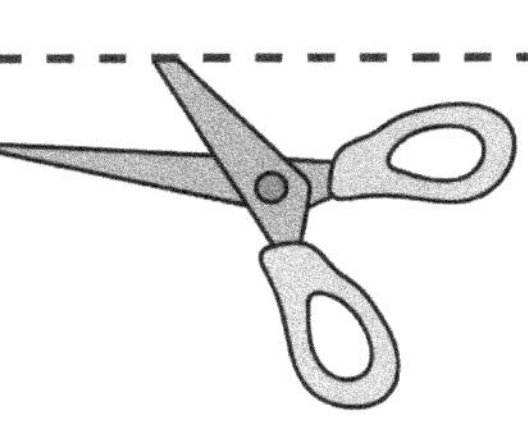

1

2

3

4

5

1

2

3

4

5

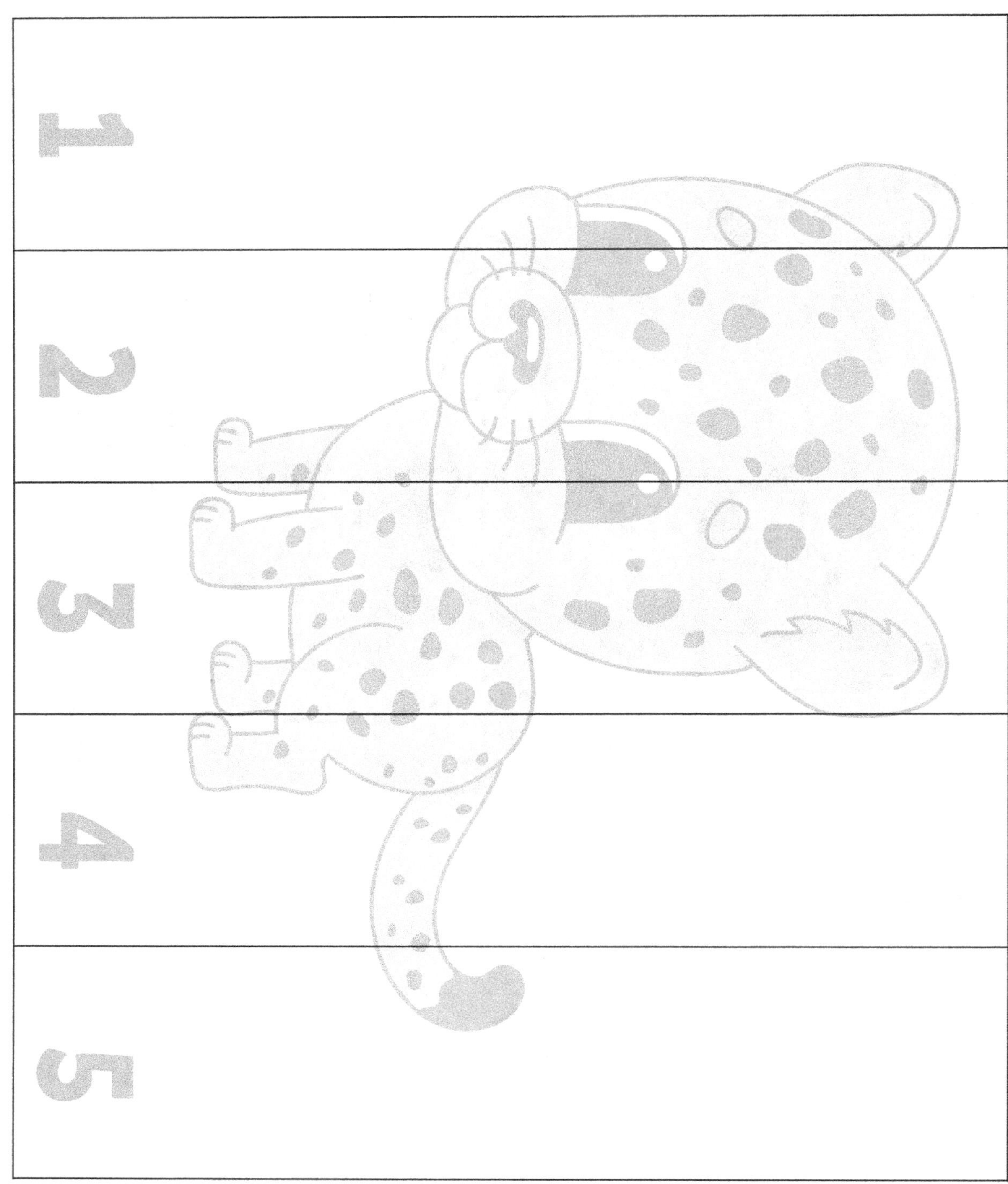

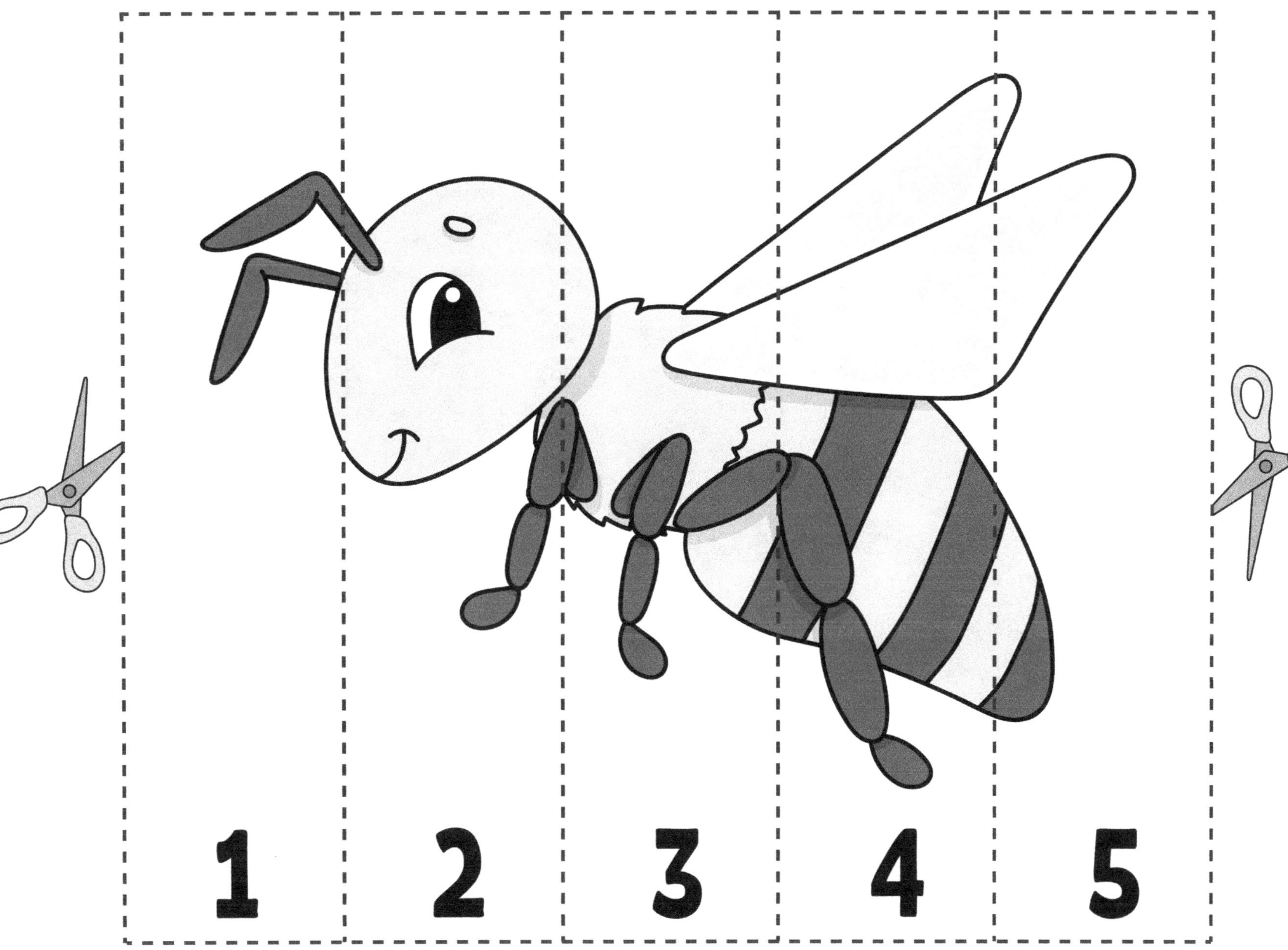

1
2
3
4
5

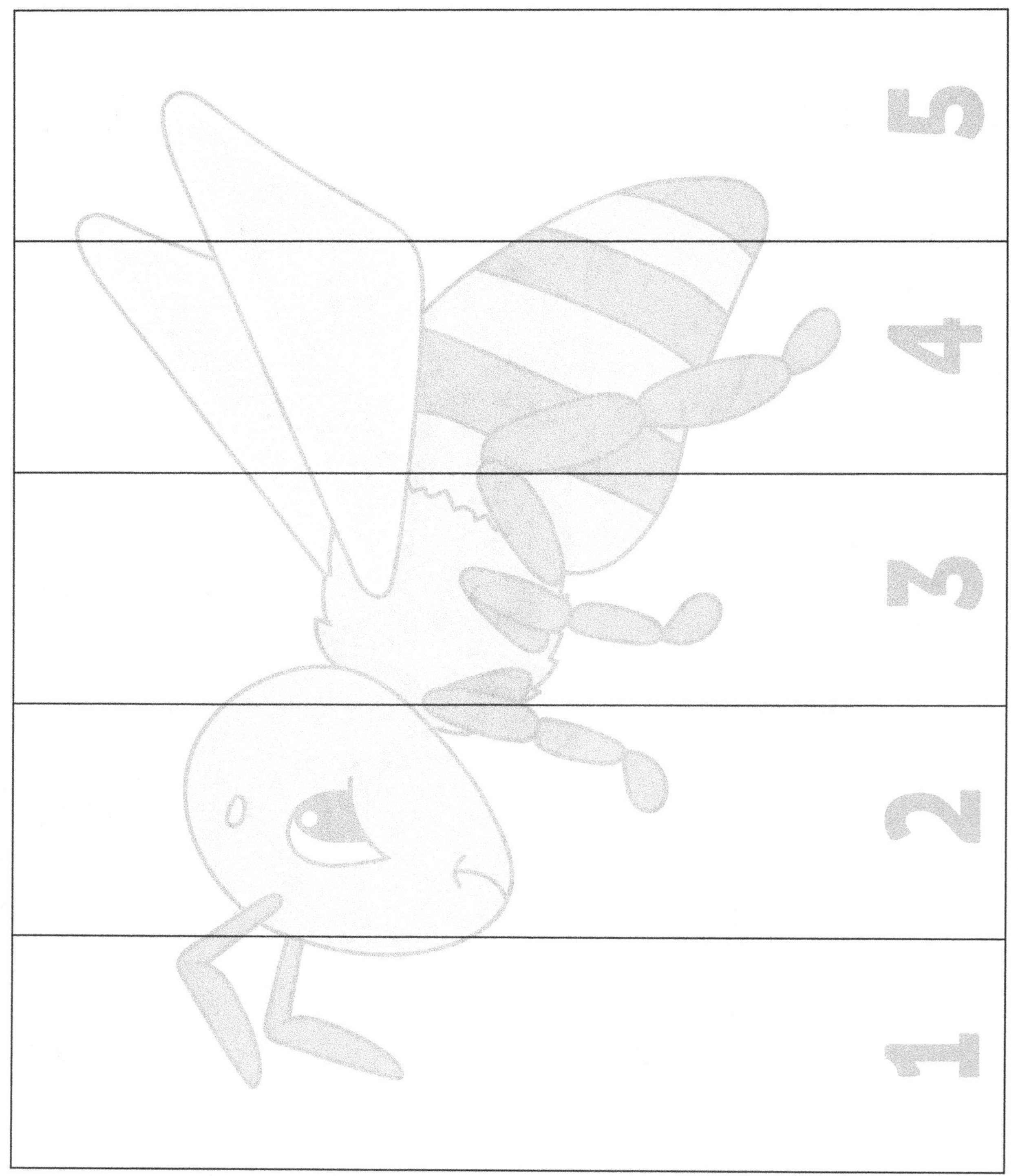

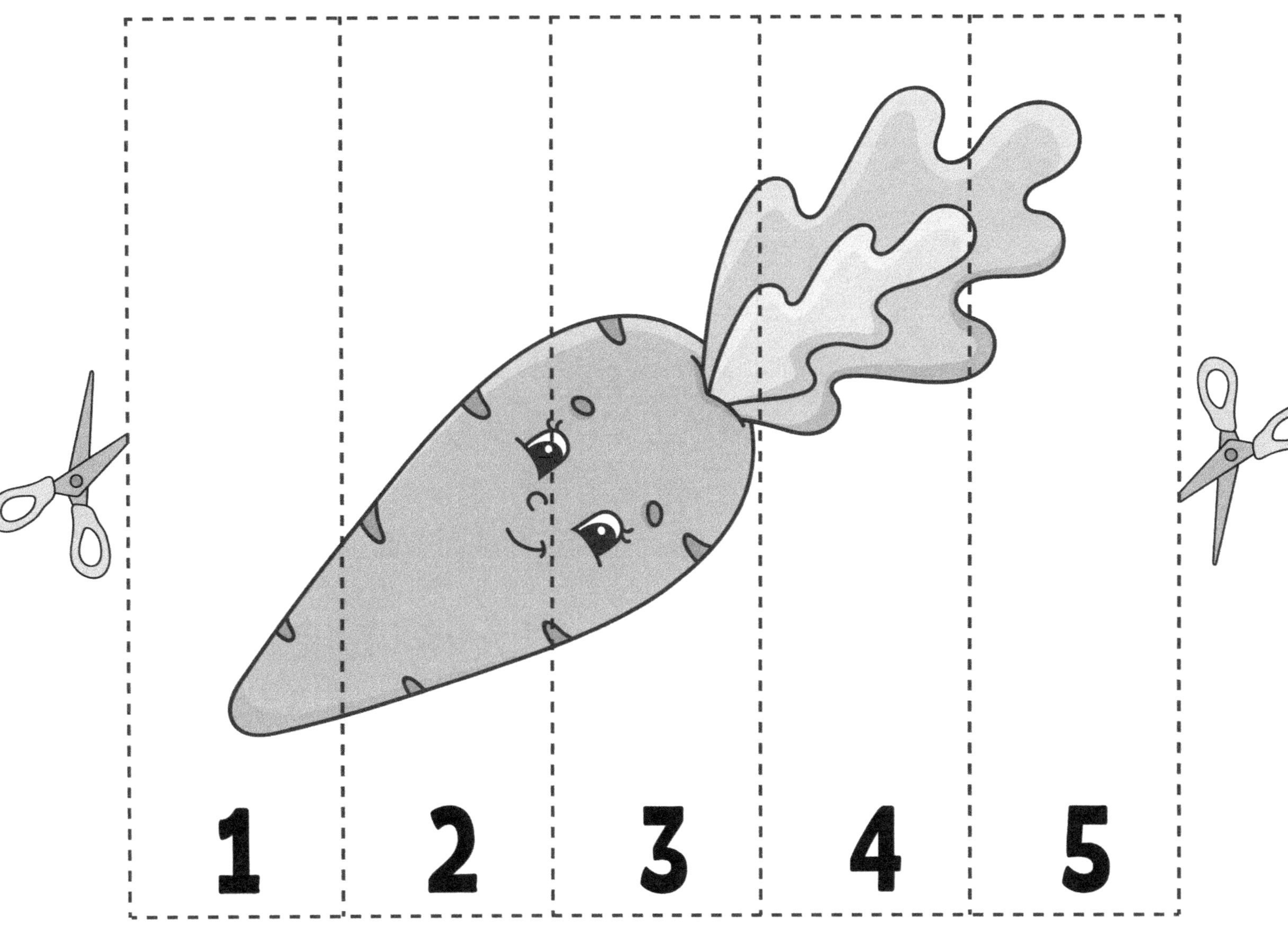

1
2
3
4
5

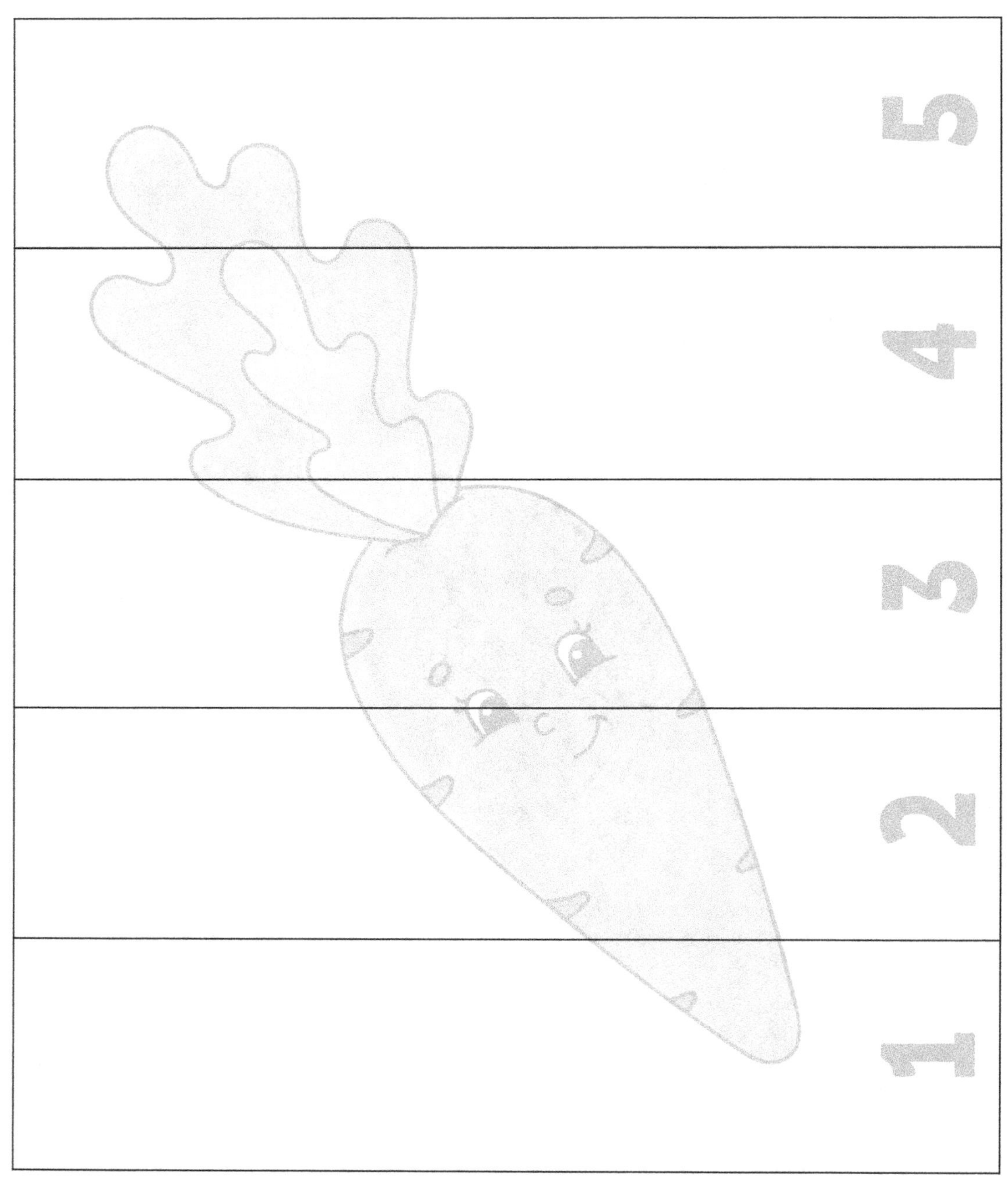
5
4
3
2
1

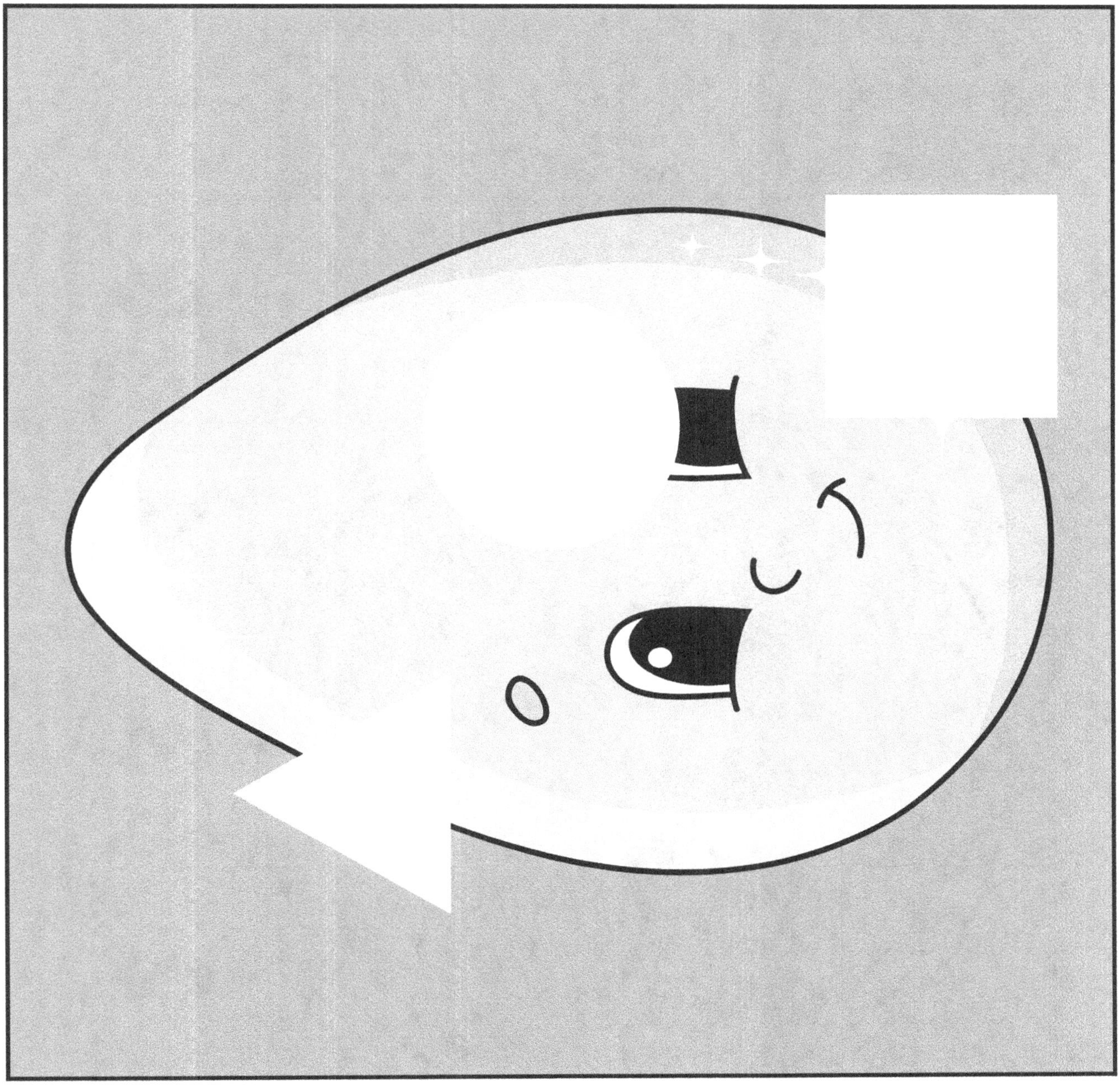

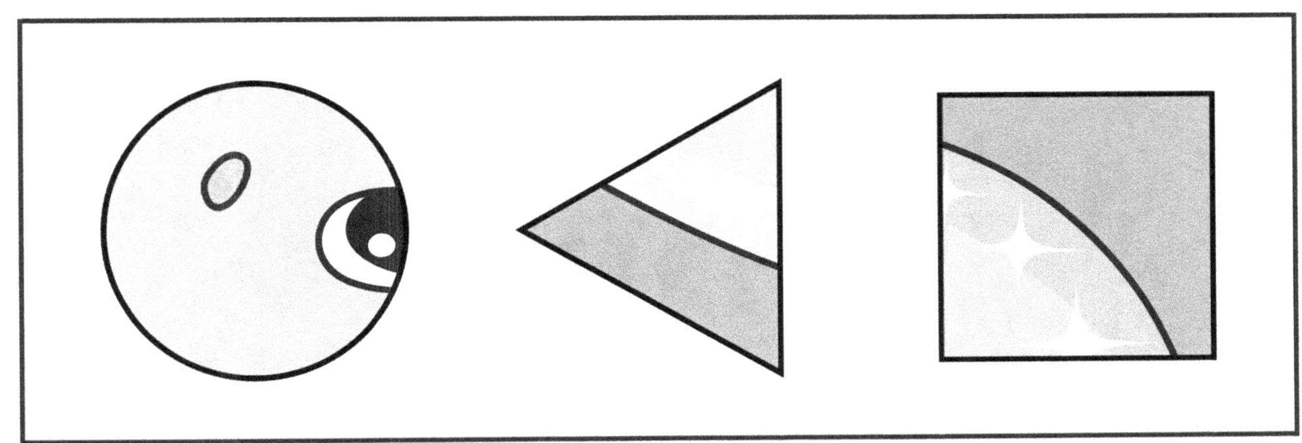

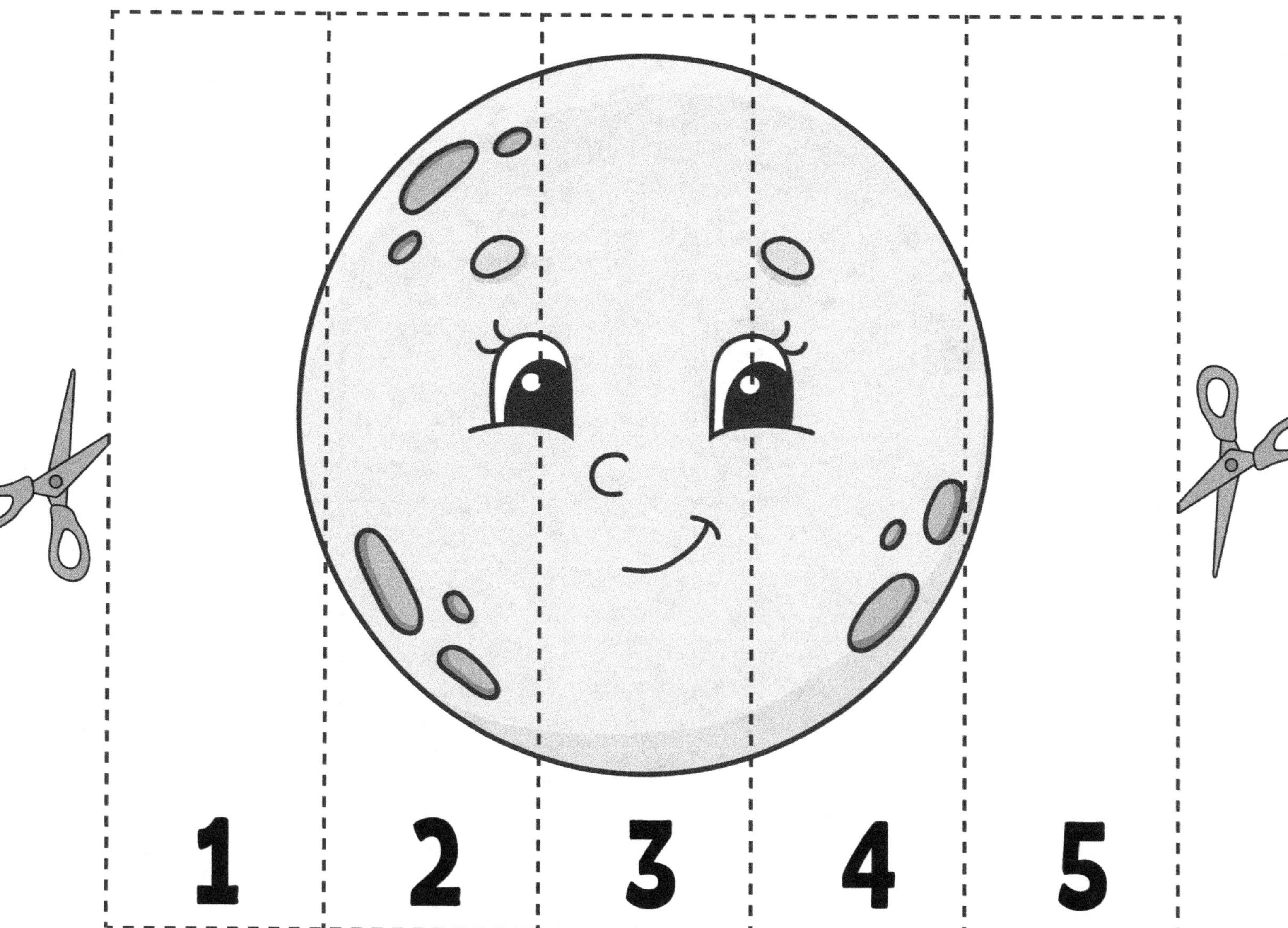

1
2
3
4
5

1   2   3   4   5

1 2 3 4 5

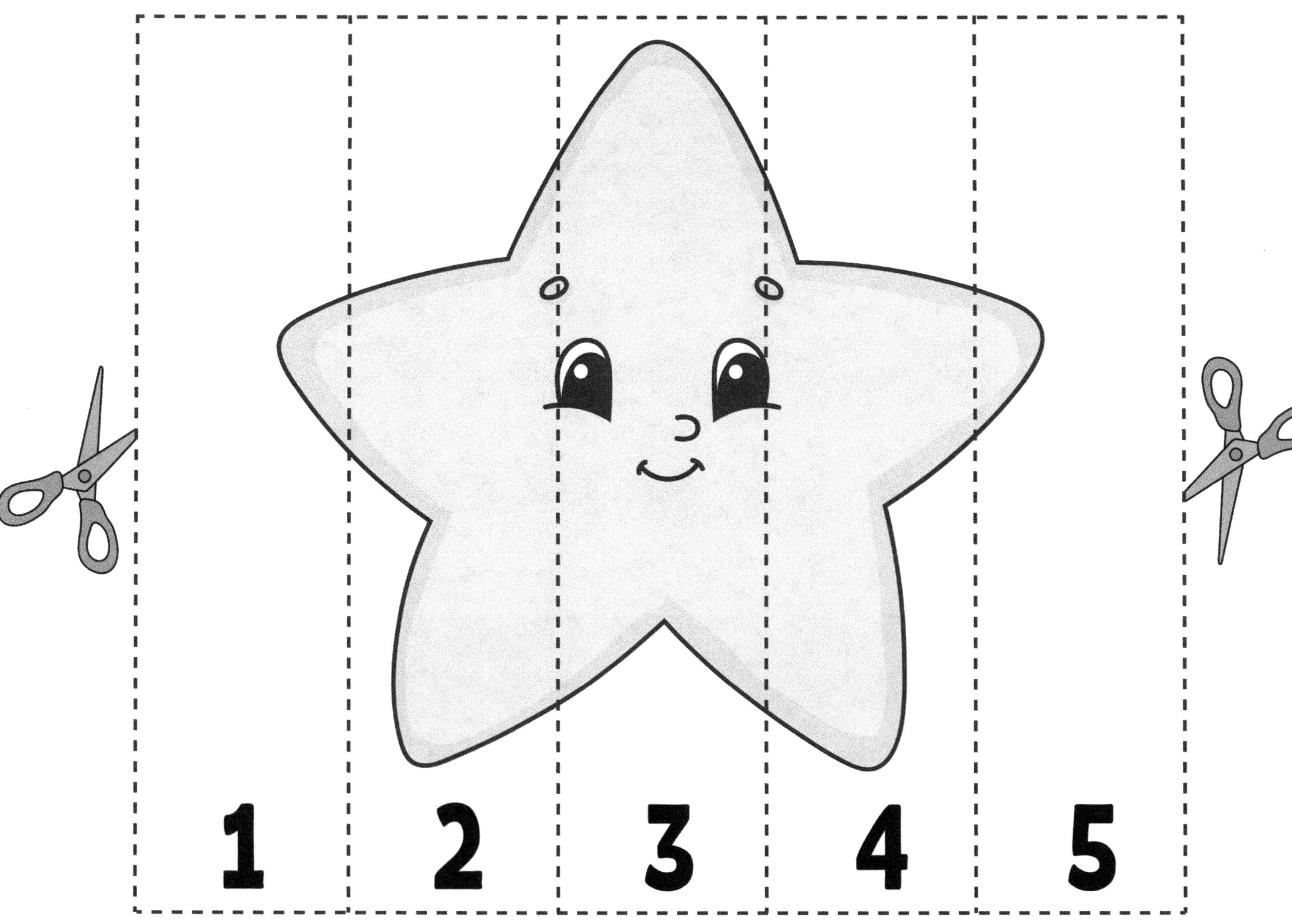

1
2
3
4
5

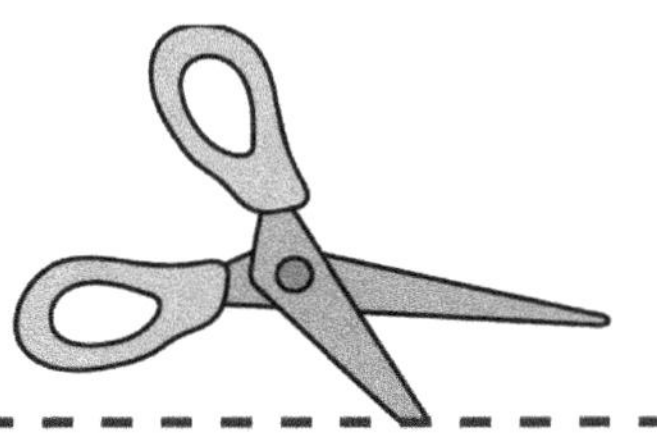

1
2
3
4
5

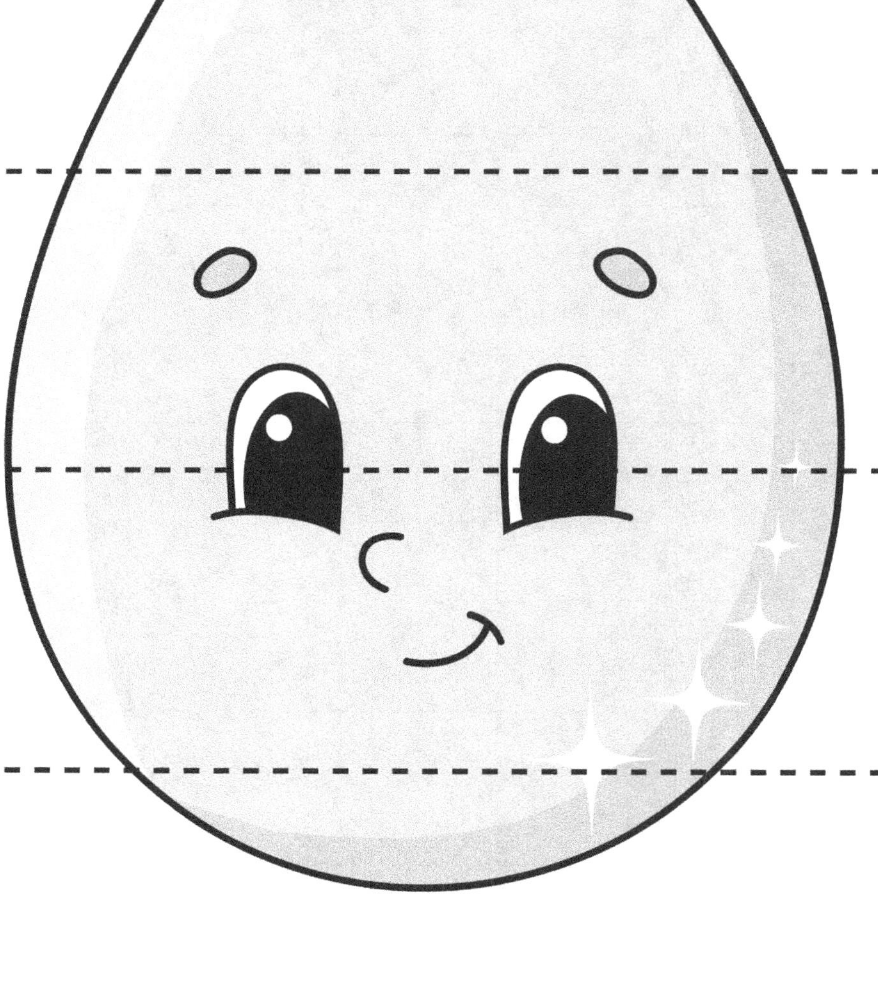

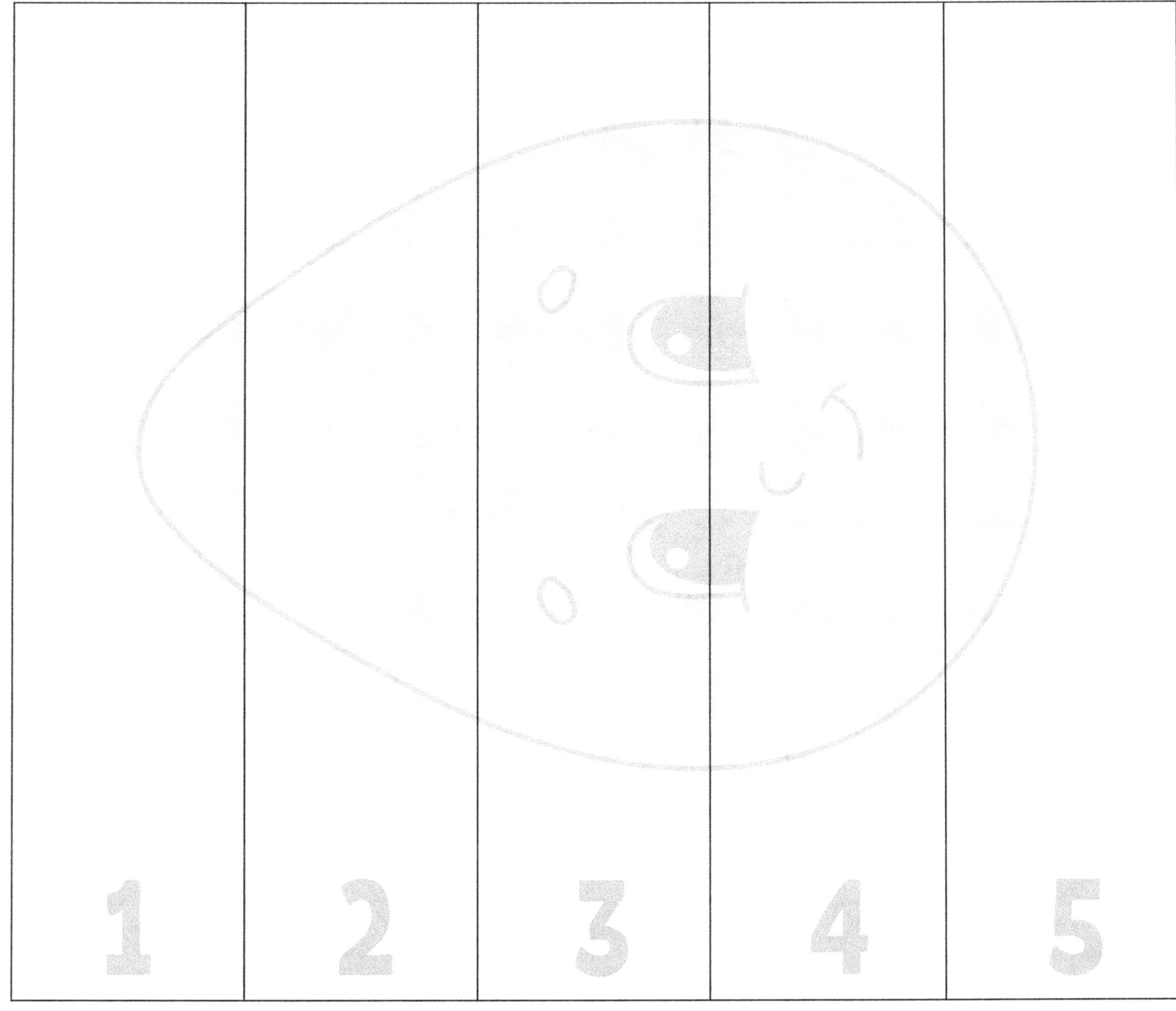

1	2	3	4	5

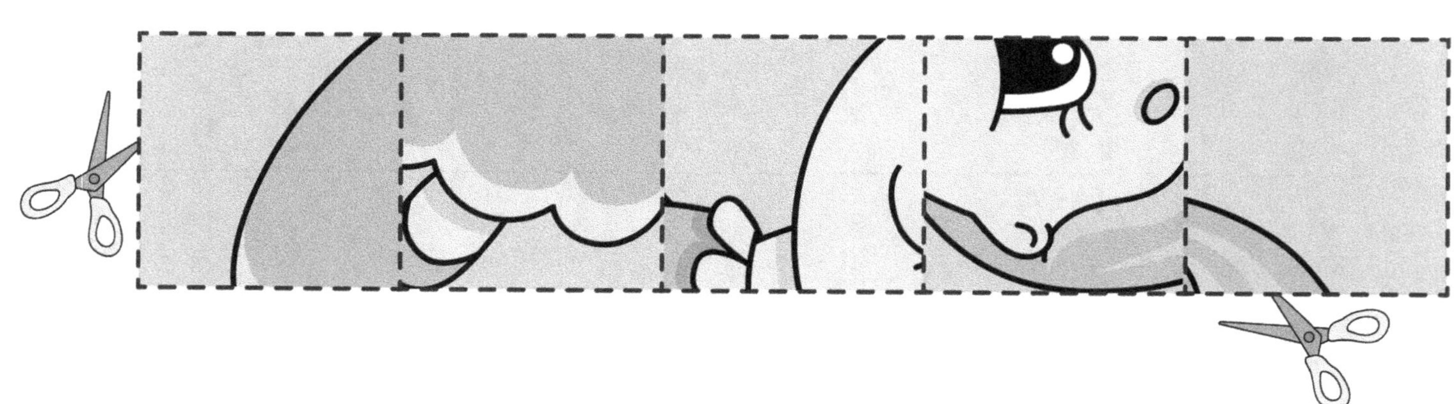

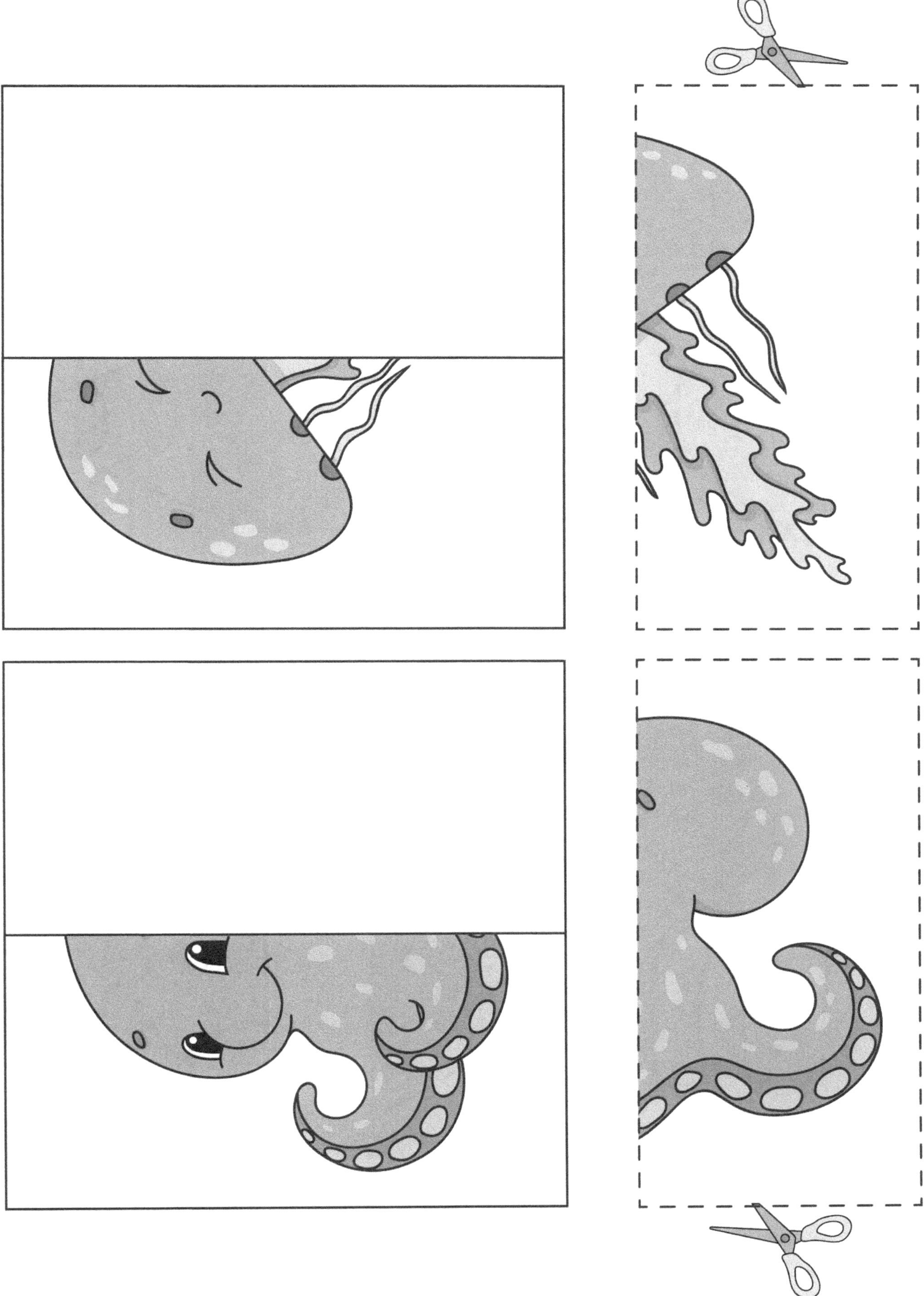

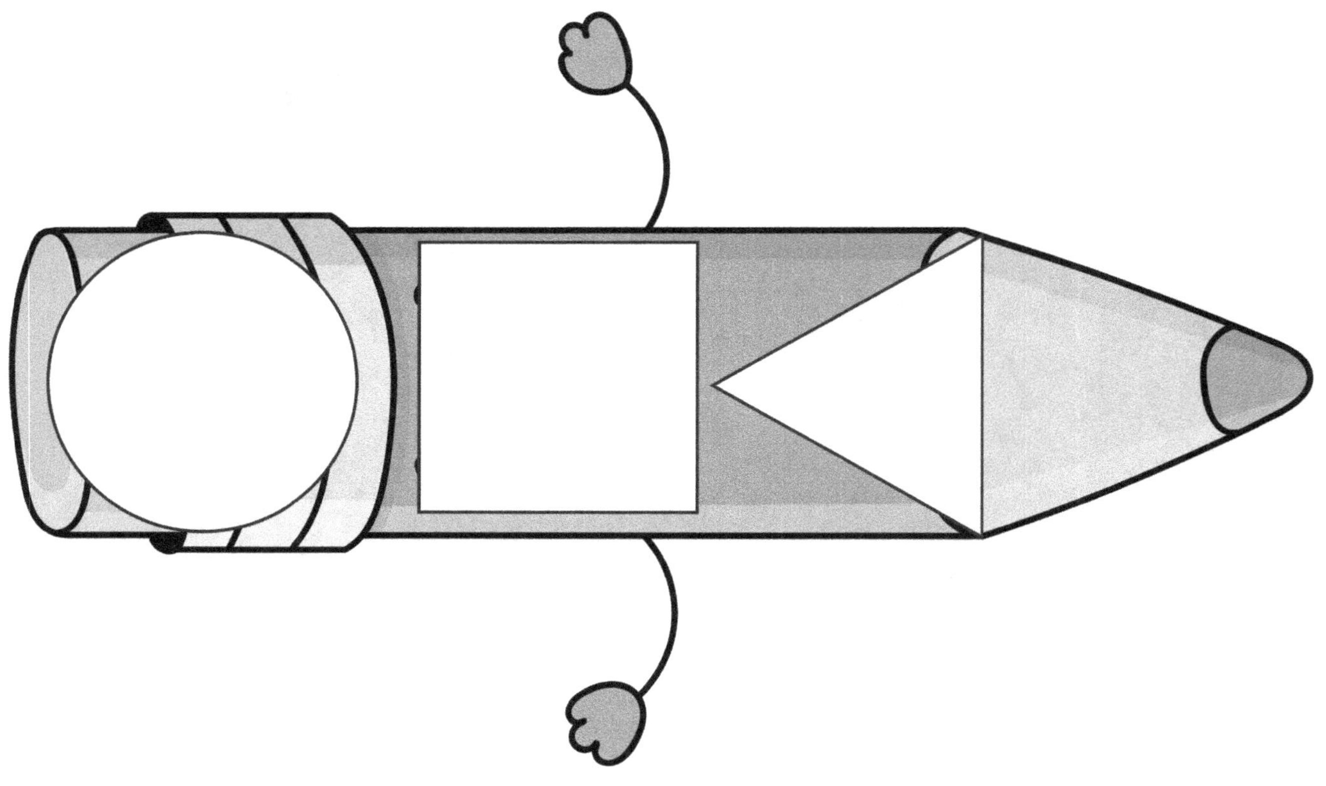

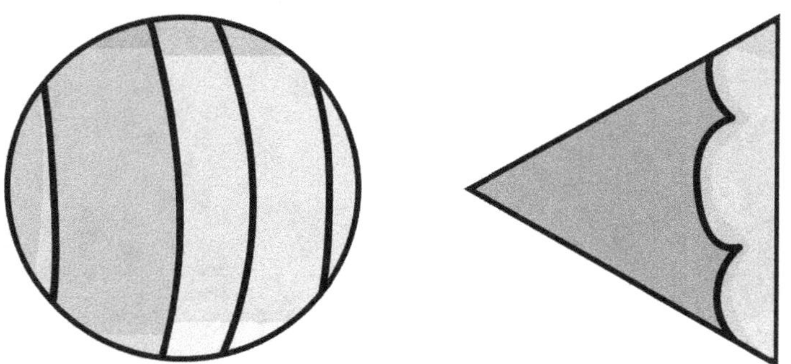

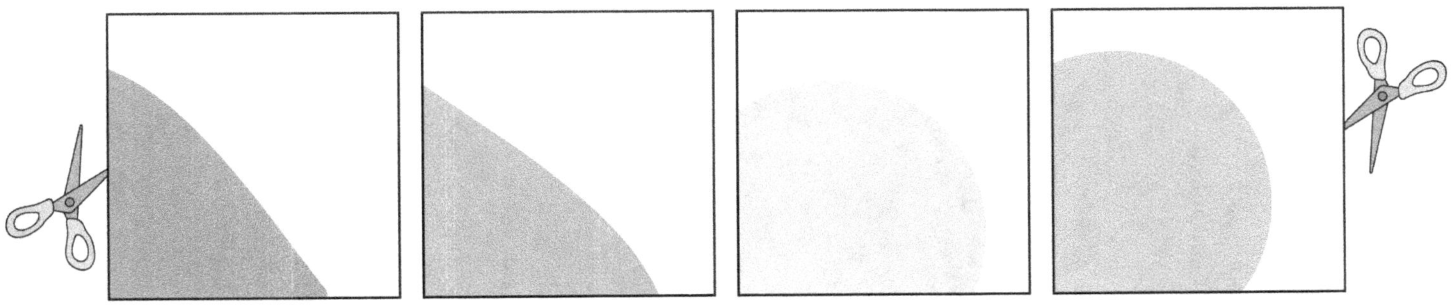

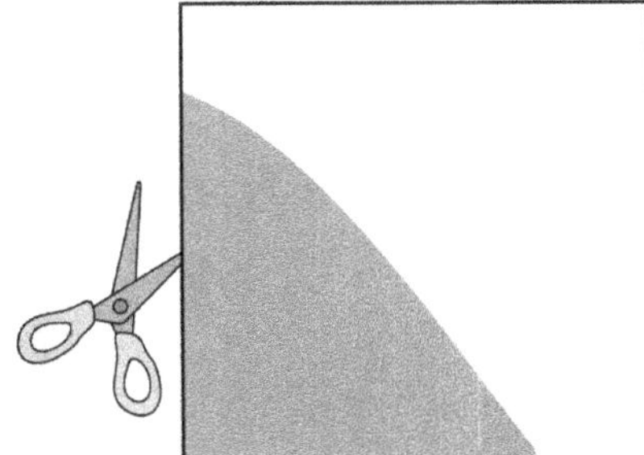

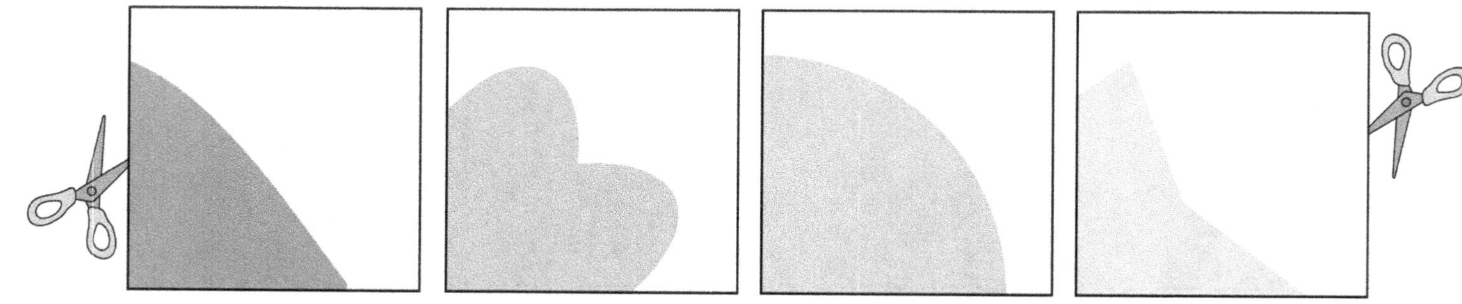

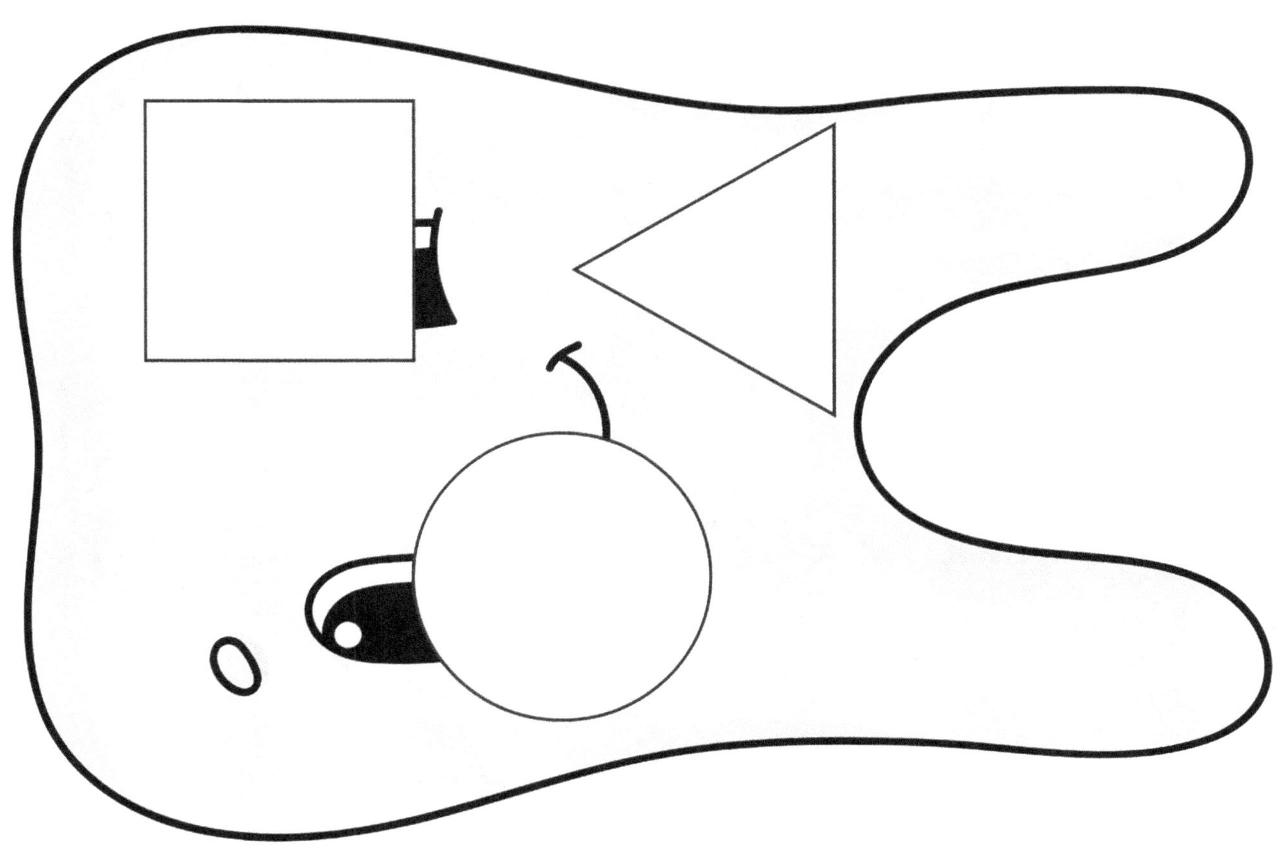

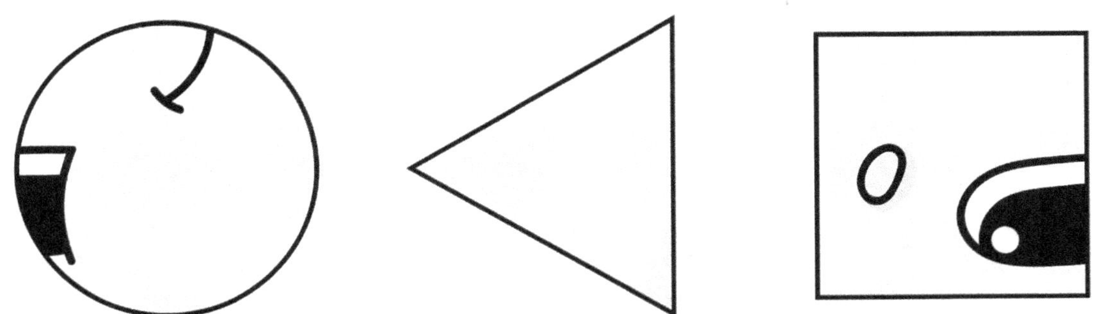

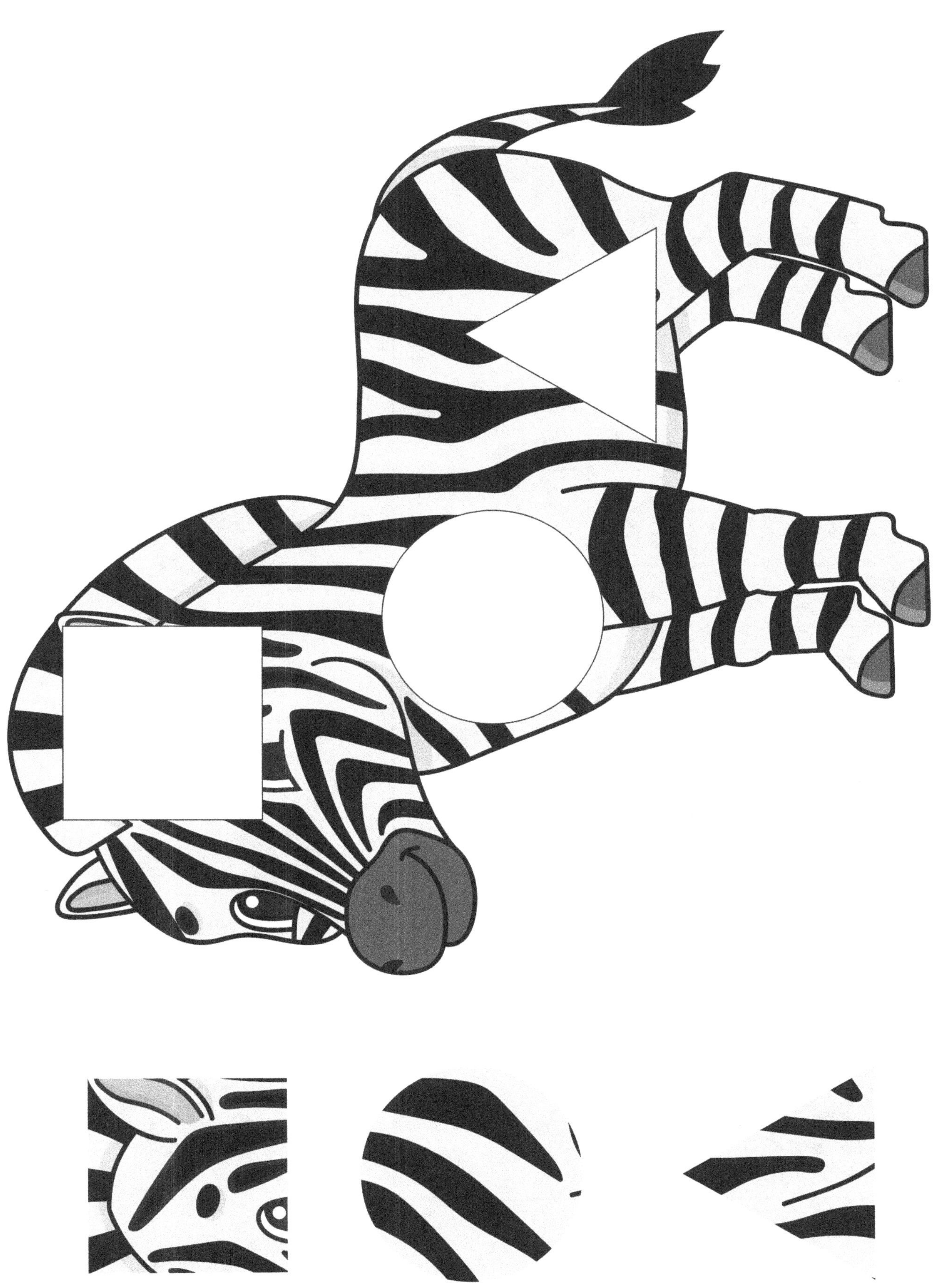

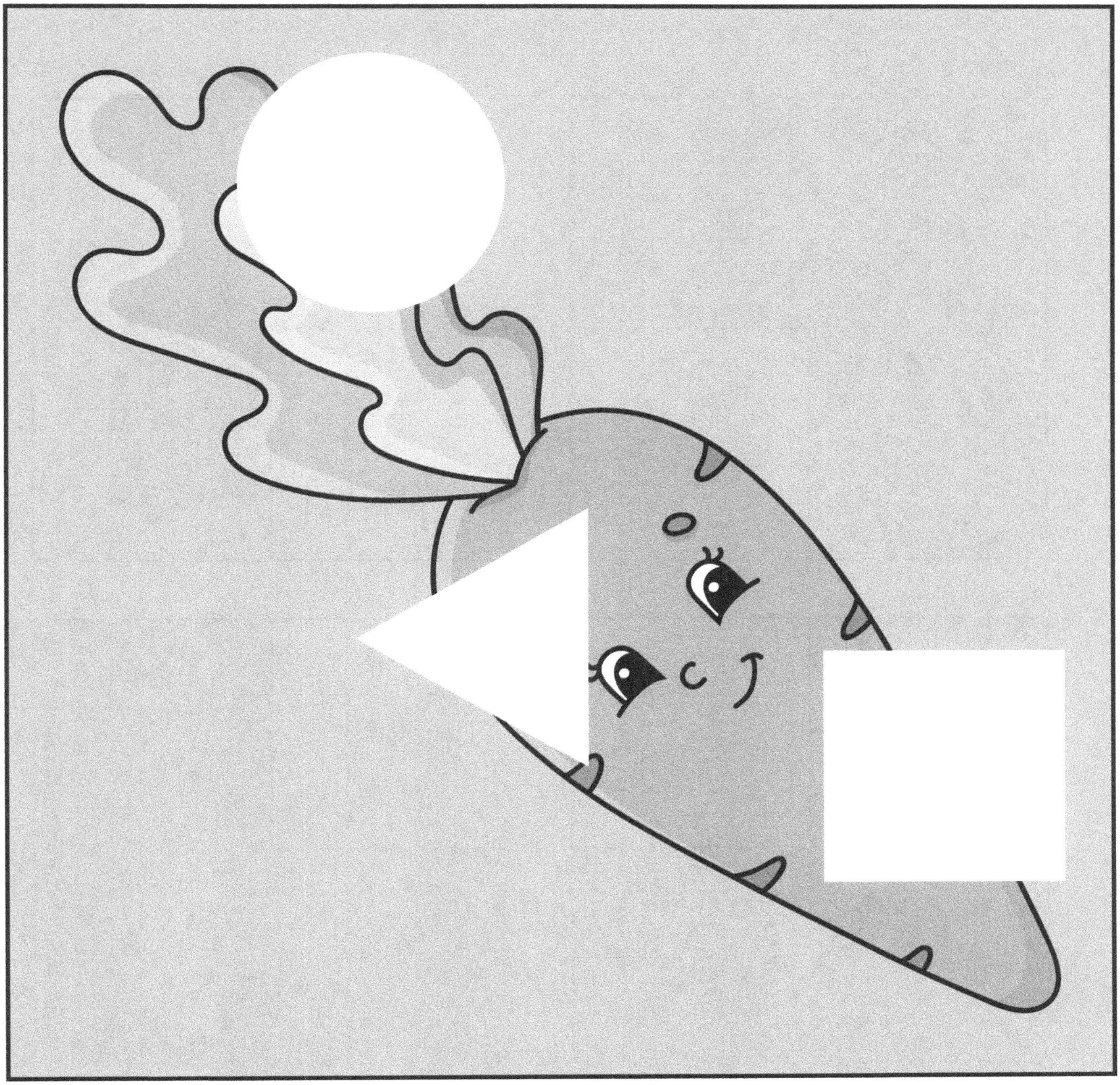

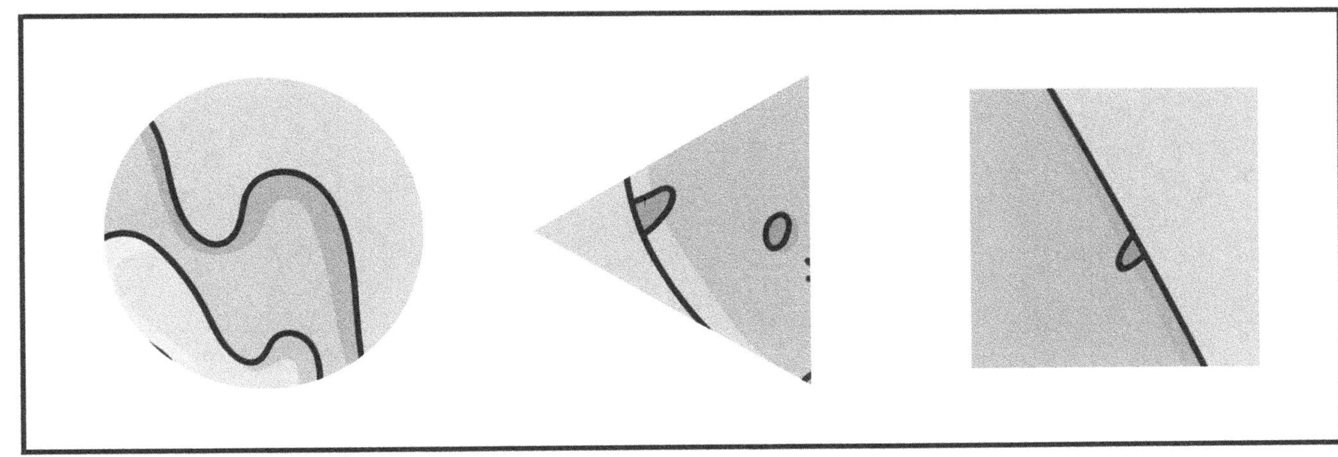

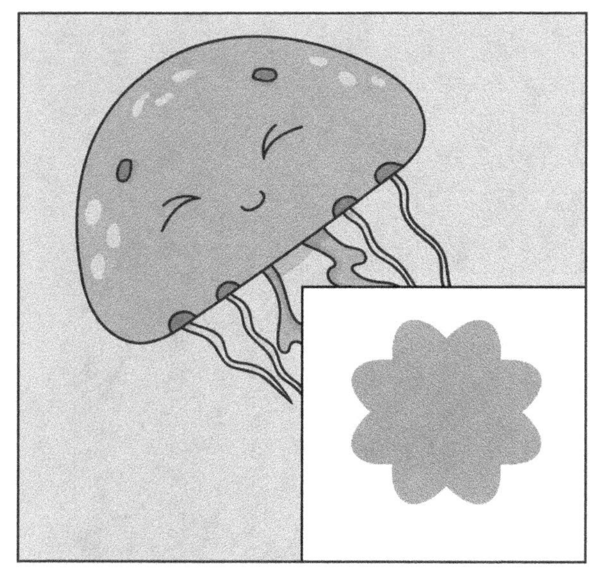

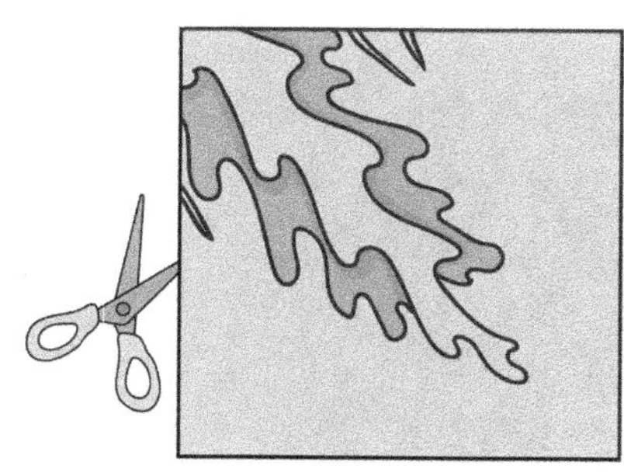

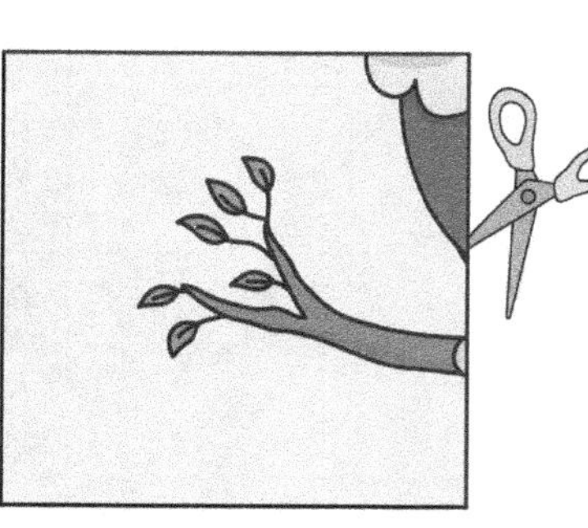

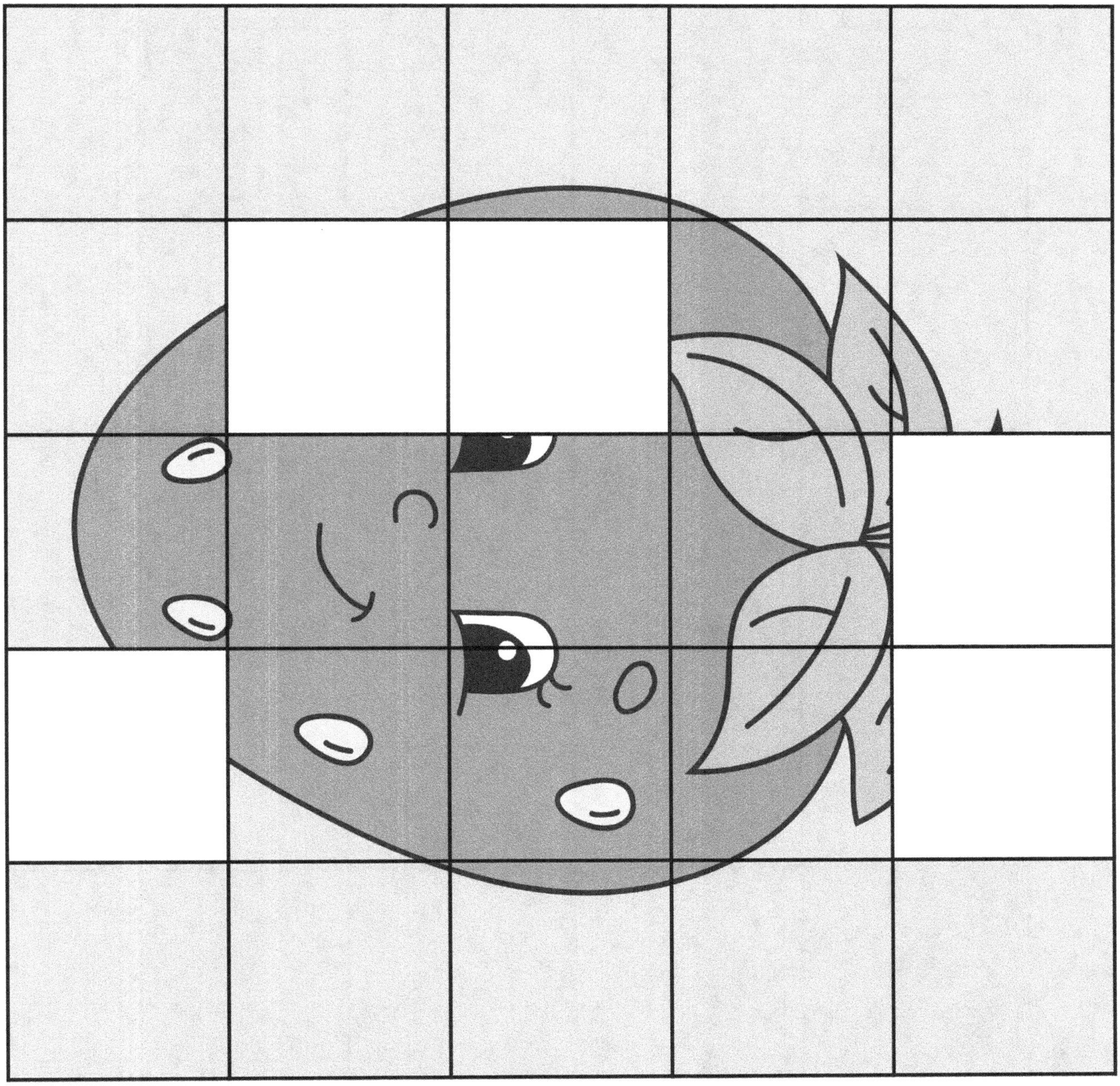

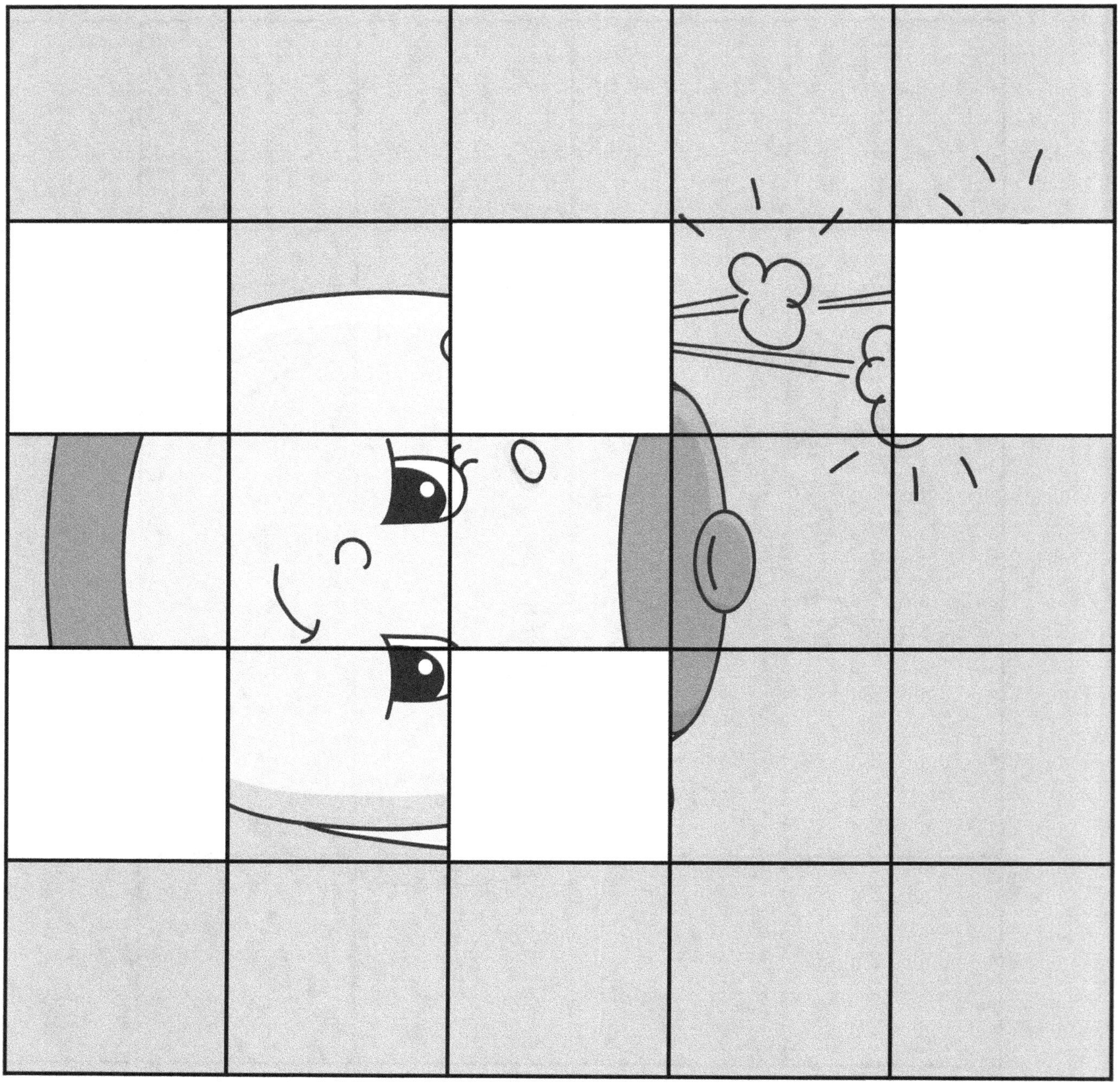

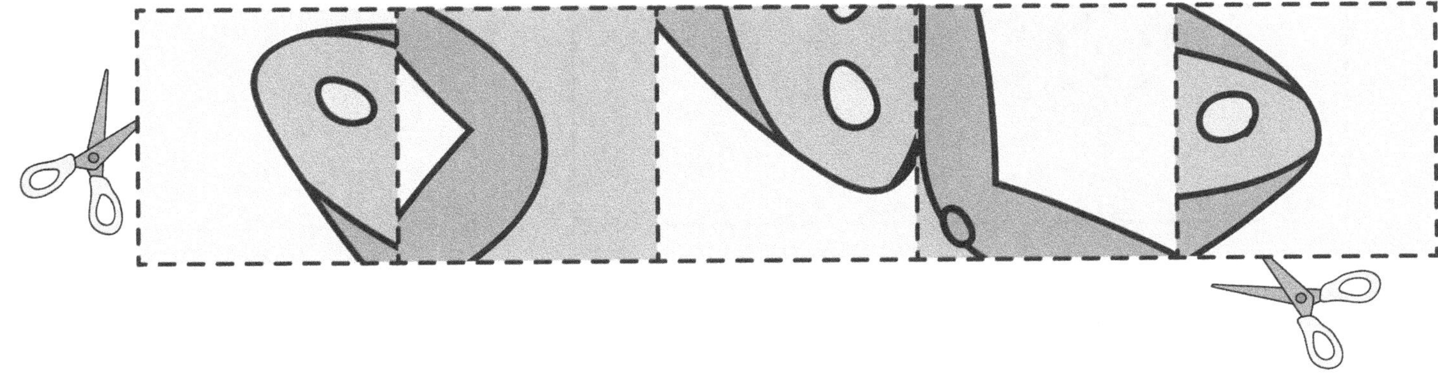

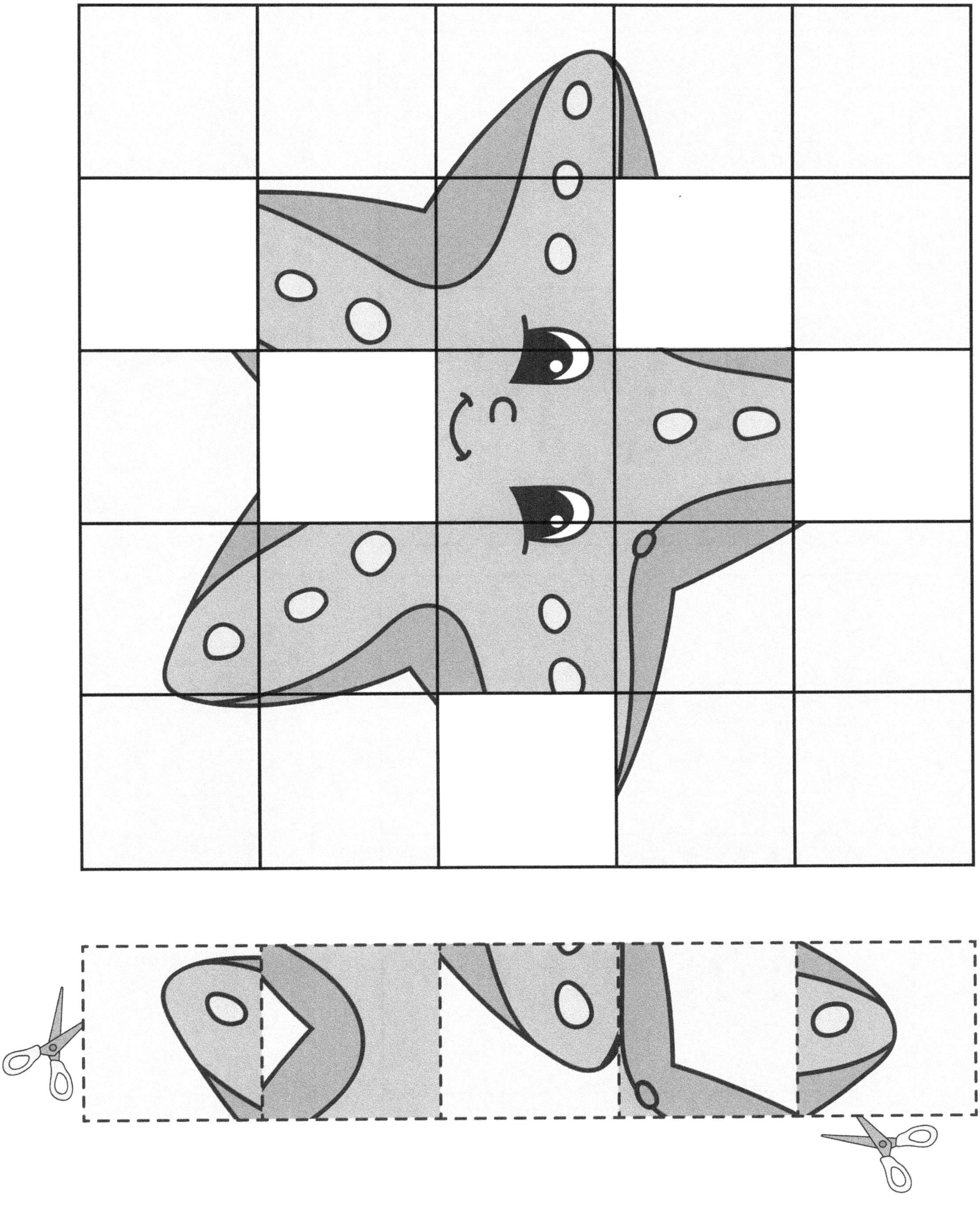

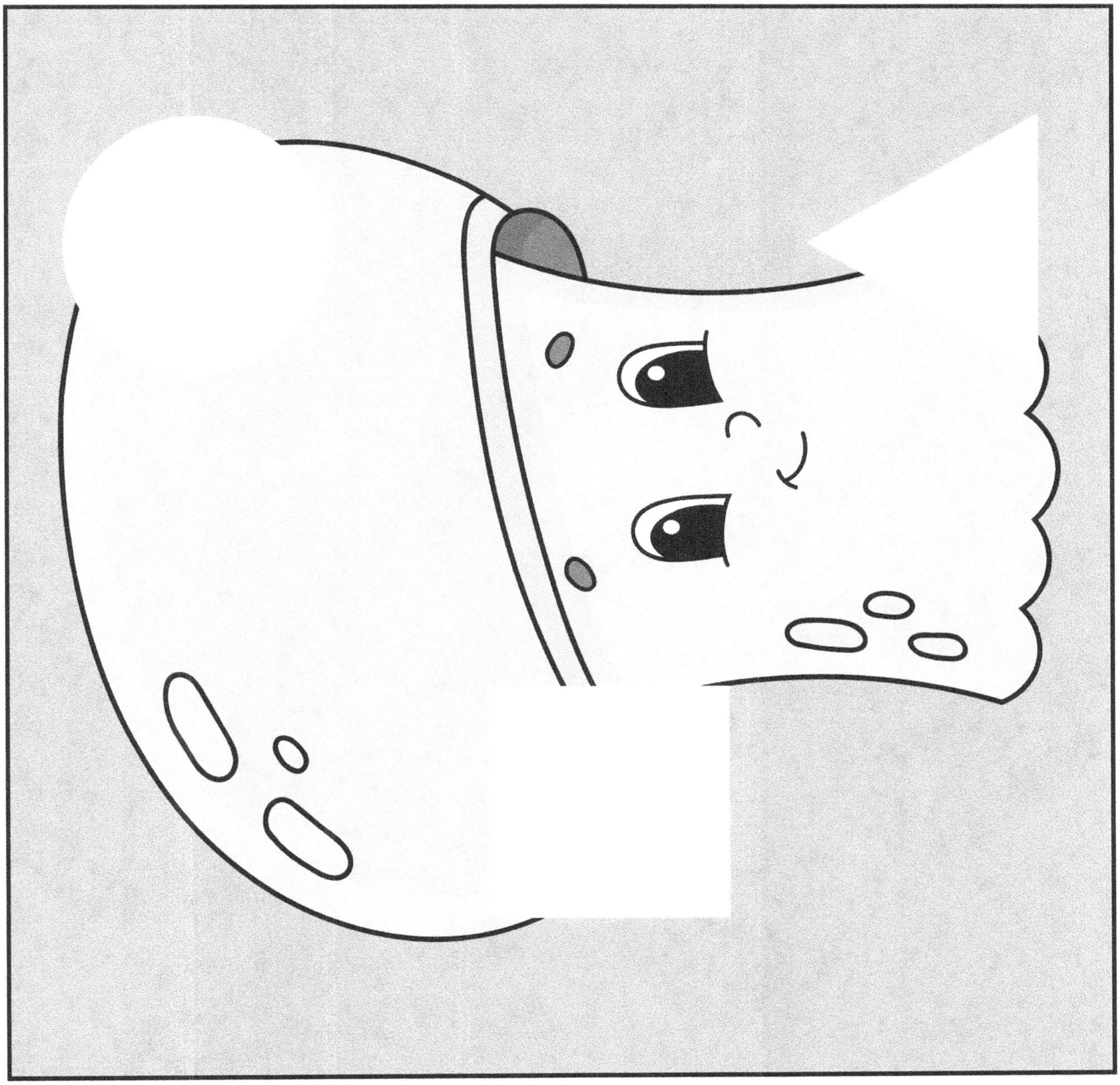

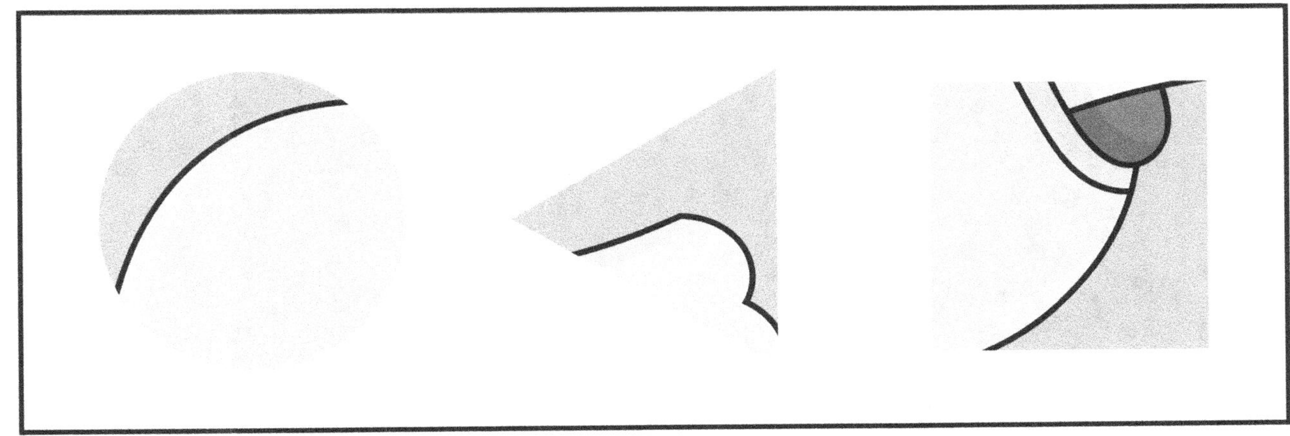

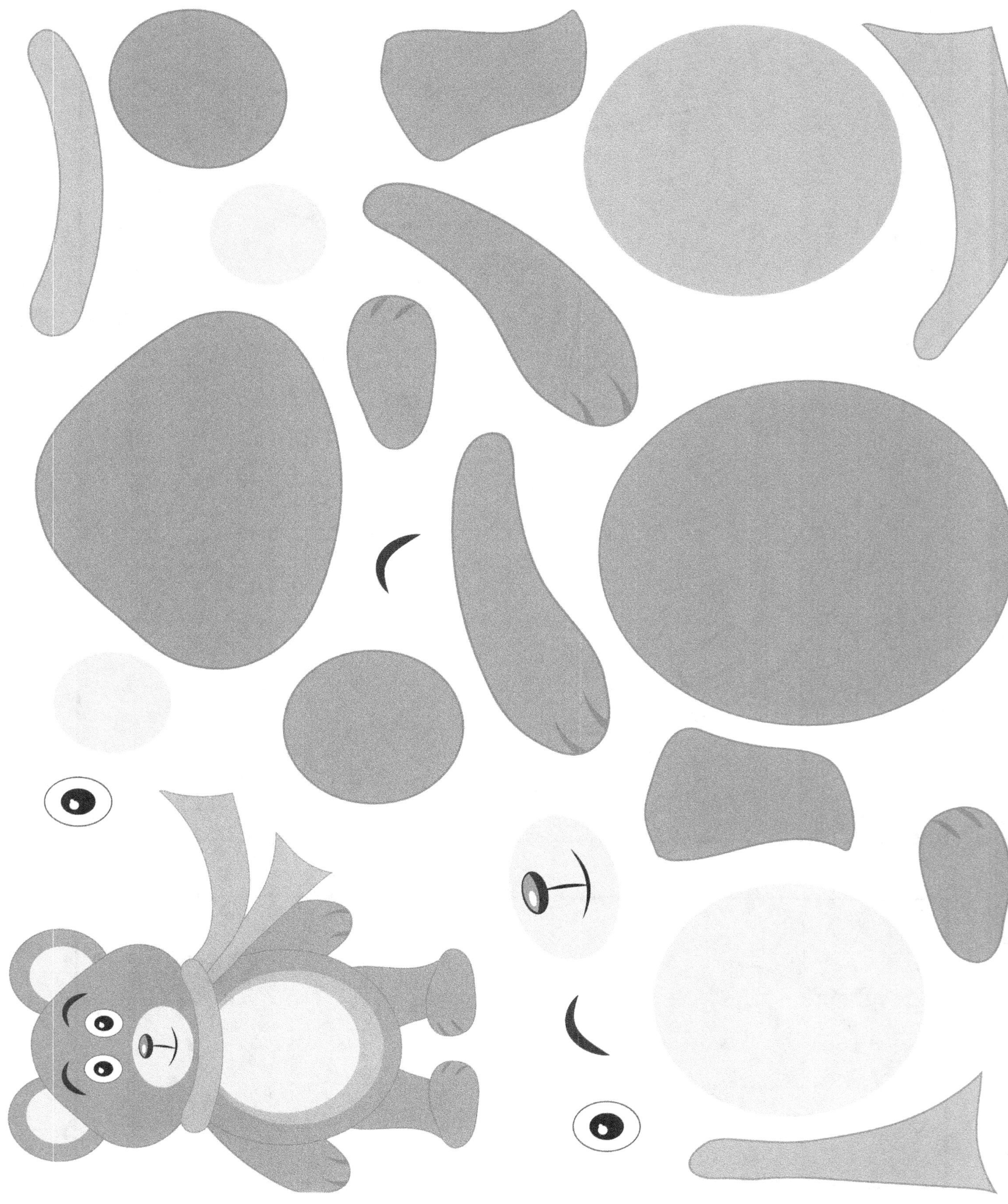

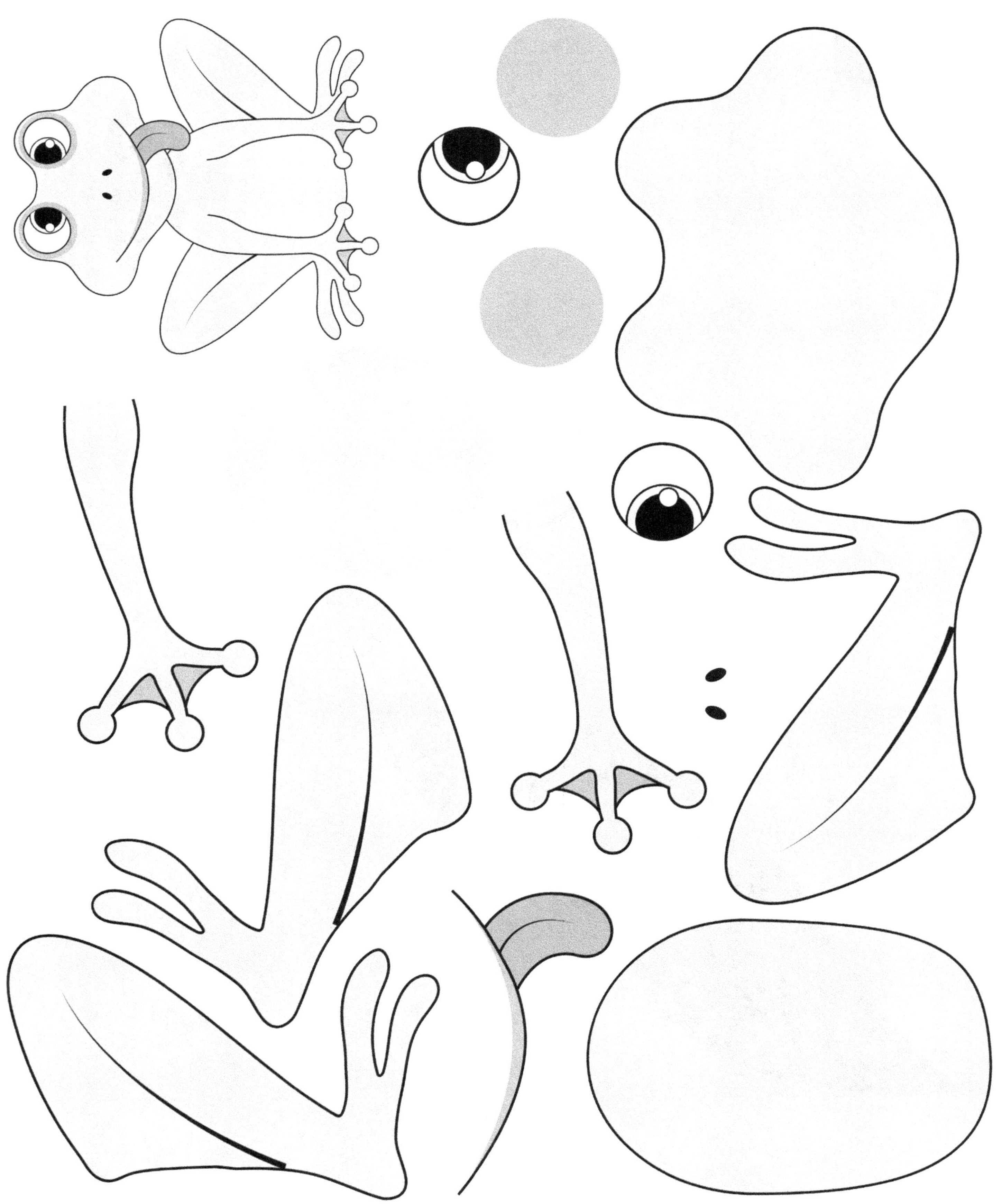

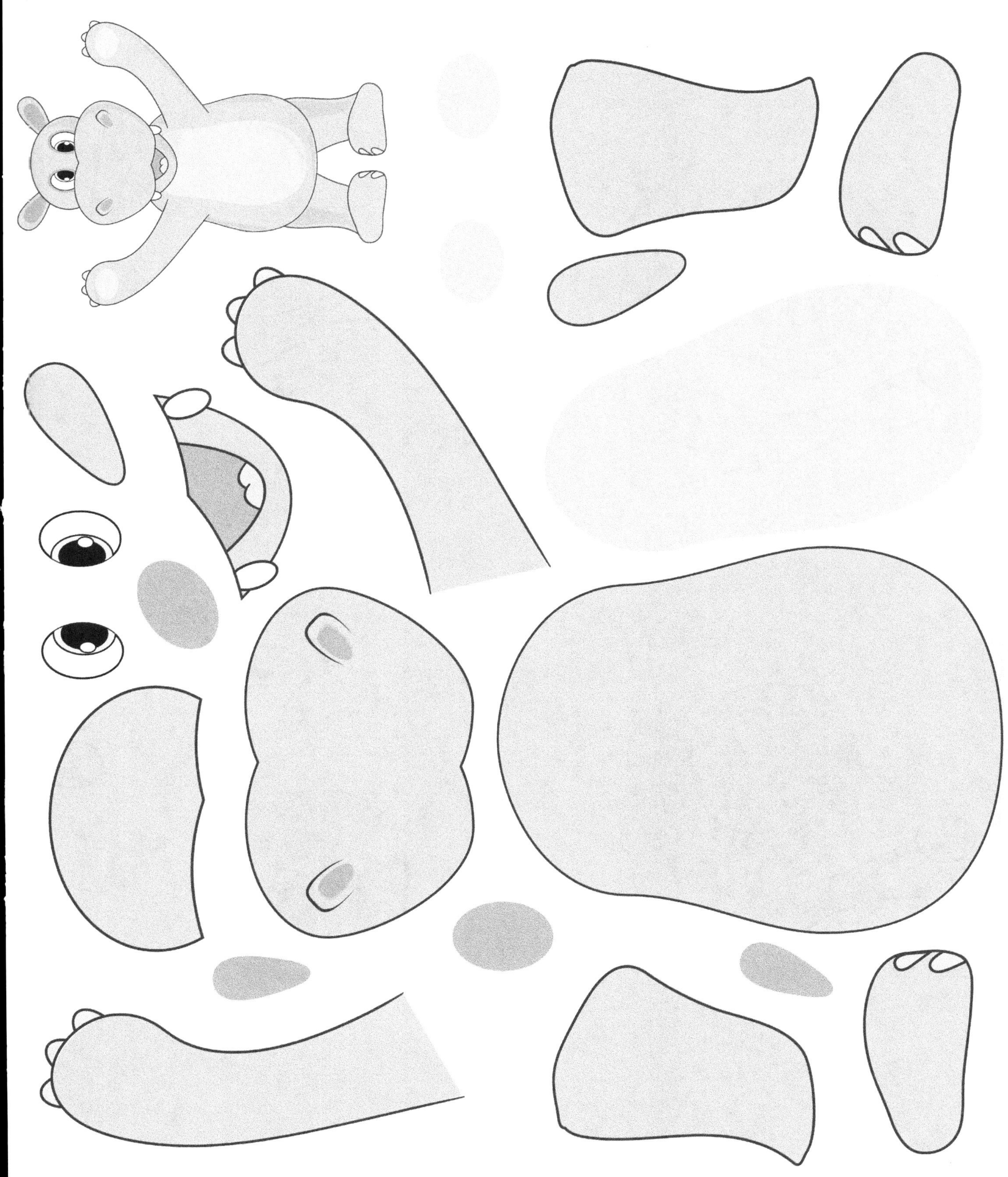

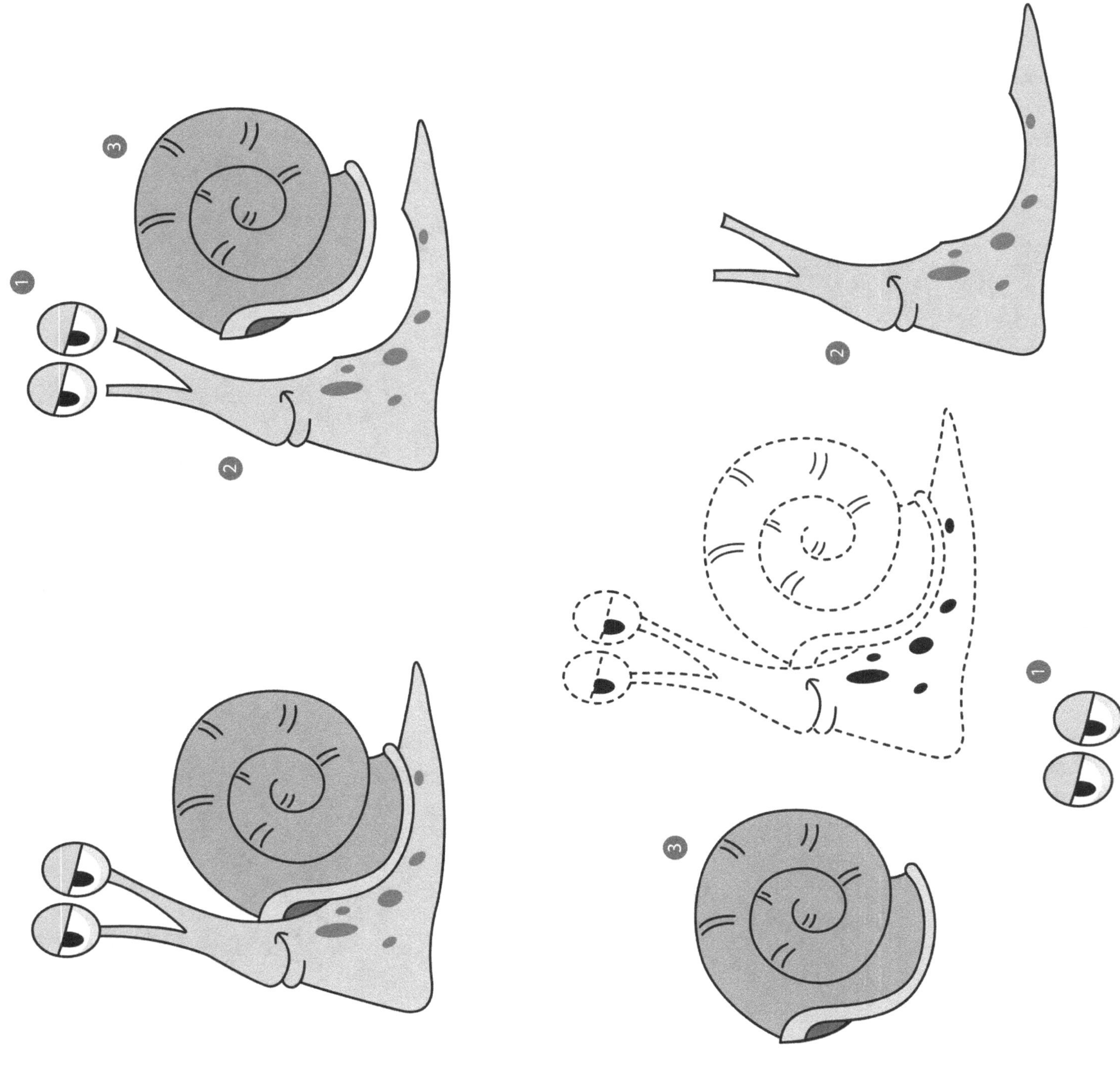

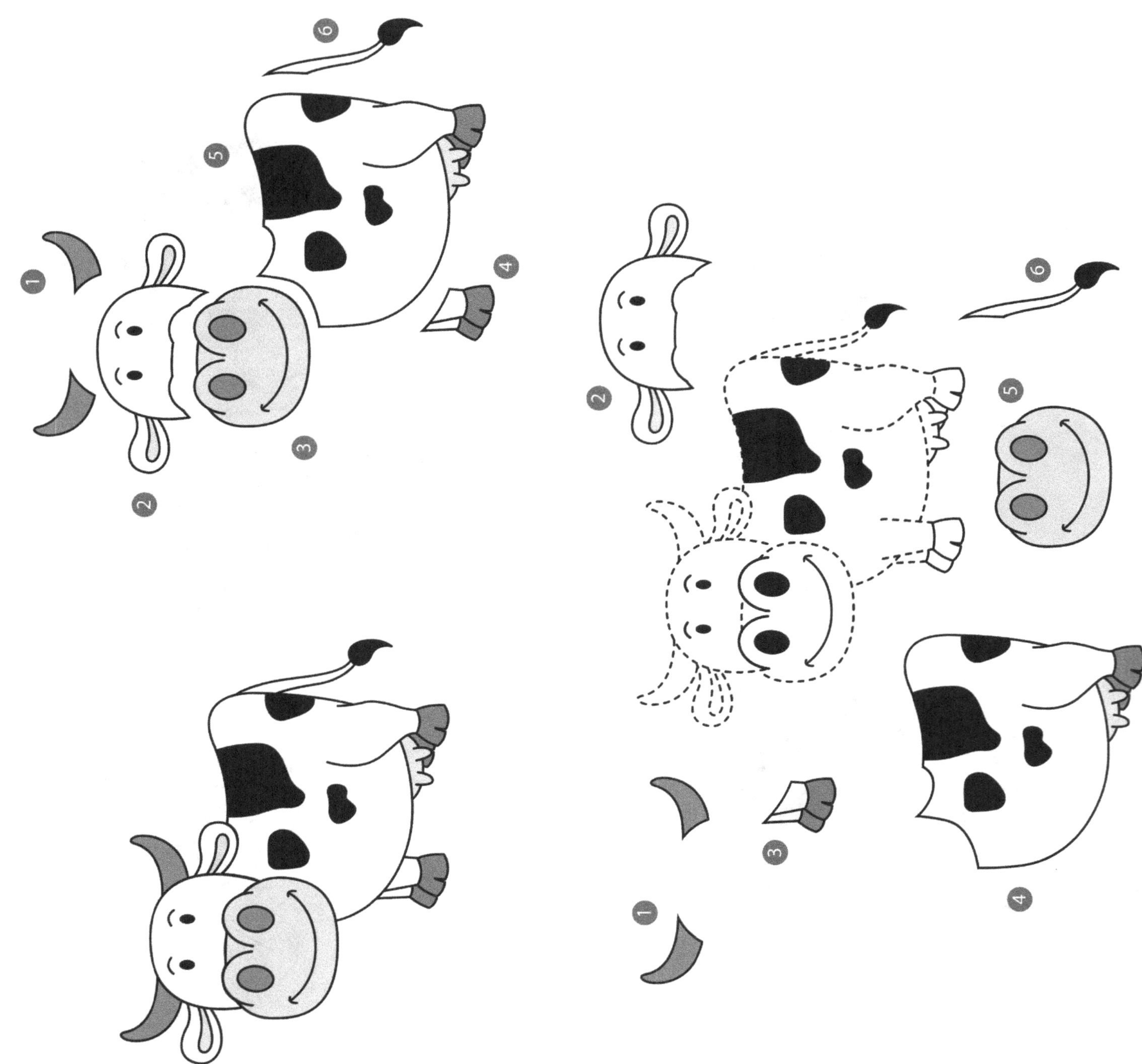

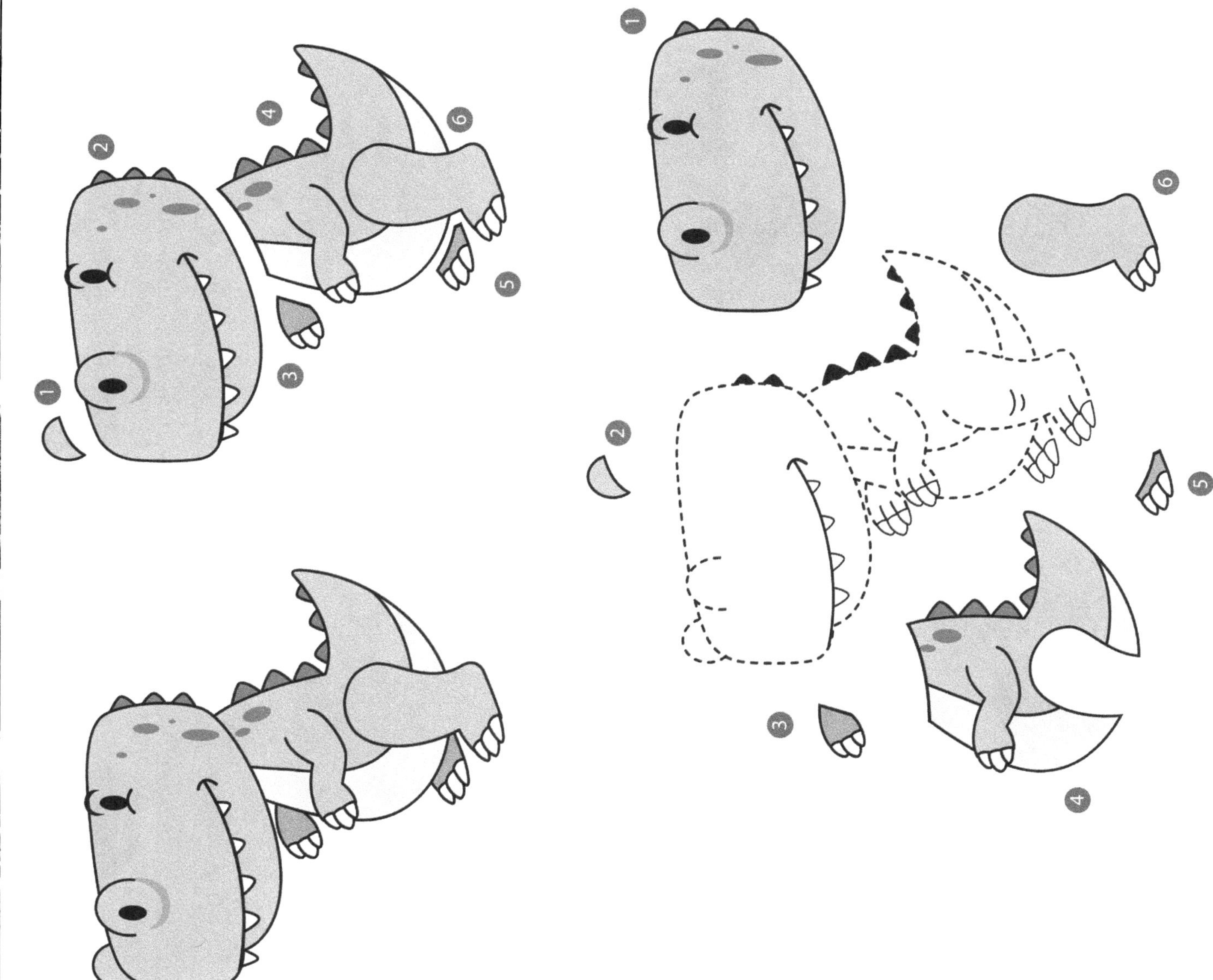

PAPER DOG
HEAD
BODY

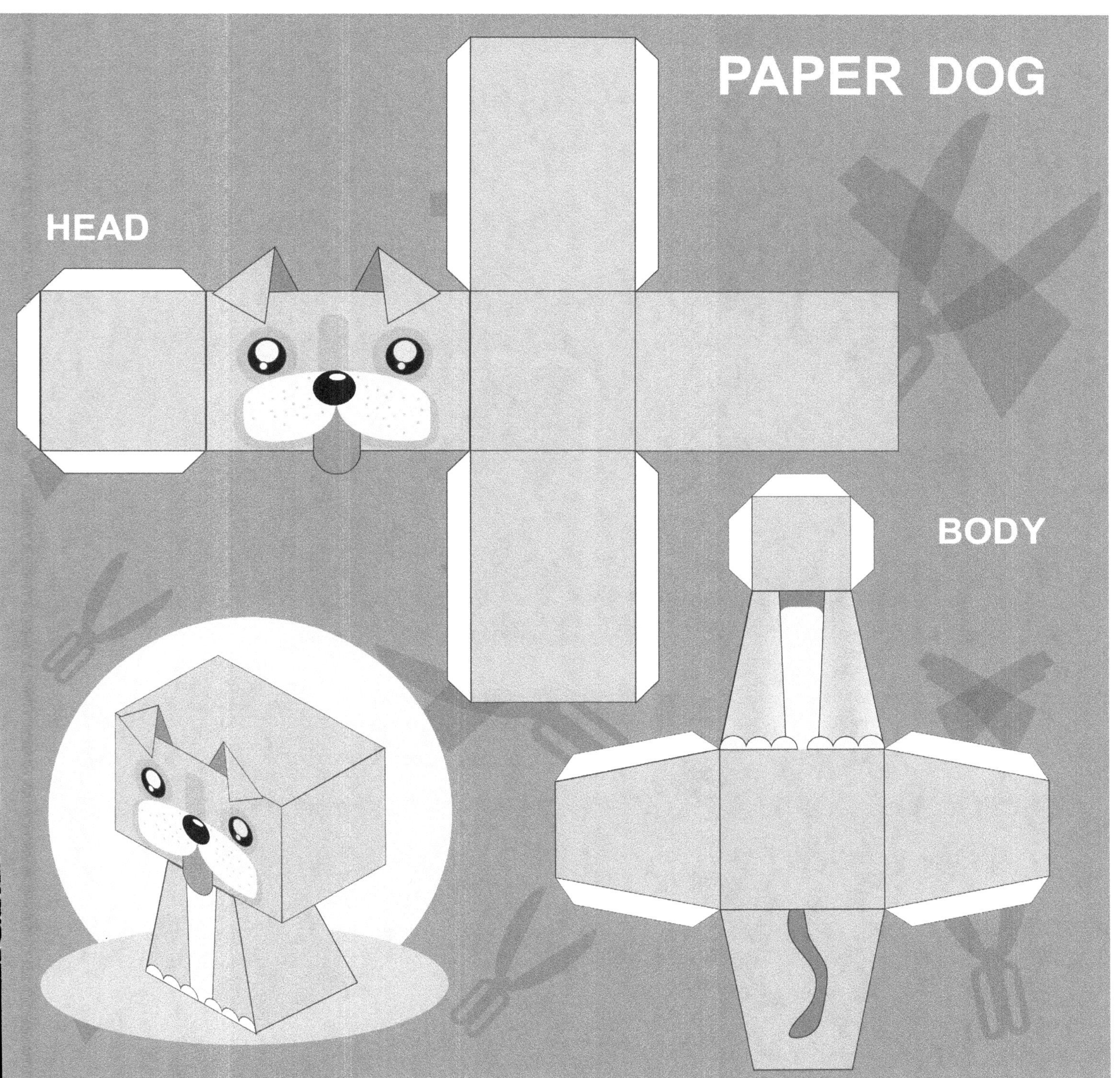
PAPER DOG
HEAD
BODY

Paper House